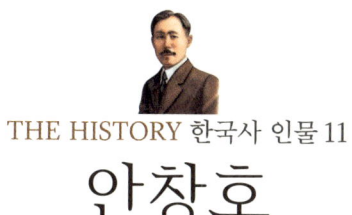

THE HISTORY 한국사 인물 11

안창호

THE HISTORY 한국사 인물 11
안창호
펴낸날 2024년 4월 15일 1판 1쇄
펴낸이 강진균
글 장경호
그림 이선미
편집・디자인 편집부
마케팅 변상섭
제작 강현배
펴낸곳 삼성당
주소 서울시 강남구 선릉로 747 삼성당빌딩 9층
대표 전화 (02)3443-2681 **팩스** (02)3443-2683
출판등록 1968년 10월 1일 제2-187호
ISBN 978-89-14-02173-1 (73990)

본 저작물은 저작권법에 따라 보호를 받는 책이므로 무단 전재와 무단 복제를 금합니다.
※ 파본은 바꾸어 드립니다.

THE HISTORY 한국사 인물 11
안창호

차례

쾌재정의 새 목소리 ……………………… 11

배움의 길을 향해……………………… 29

귤 하나 따는 것도 나라 위하는 일 ………… 53

힘의 원동력이 된 3년……………………… 73

대한민국 임시 정부 ································· 99

안창호의 생애 ··································· 121

안창호 ··· 122

쾌재정의 새 목소리

한여름에 내리쬐는 햇살로 숨이 콱콱 막힐 것처럼 무더운 어느 날이었다. 대동강 서쪽 높은 언덕에 있는 쾌재정으로 올라가는 길목엔 수많은 사람들의 발길이 이어지고 있었다.

평양의 이름난 선비를 비롯해 장사꾼, 아이를 업은 아낙네, 상투 바람에 잠방이를 입은 농부, 머리를 땋아 길게 늘어뜨린 총각들이 모두 쾌재정으로 향하고 있었던 것이다.

대동강이 내려다보이는 언덕빼기 위에 솟은 듯이 서 있

는 자그마한 정자인 쾌재정에는 순식간에 많은 사람들이 모여들었다.

"만민 공동회가 뭐야?"

"글쎄 말이야. 이 평양성이 생긴 이래 처음 듣는 소리라고들 하는데 나도 잘 모르겠어."

쾌재정으로 올라가는 사람들은 만민 공동회라는 말에 고개를 갸우뚱하면서도 걸음걸이는 모두 바빴다.

"내가 듣기로는 갑신정변이 실패하면서 미국으로 망명을 갔던 서재필이 10년 만에 돌아와서는 우리나라를 위해 독립 협회를 만들었다는 거야."

"아, 거 뭔가, 《독립신문》도 만들고 독립문도 세웠다는 협회 말이지?"

"그래, 맞아. 자네도 어디서 듣긴 들었구먼."

"원 사람두, 딴말은 그만하고 어서 아는 대로 말 좀 해 봐."

"알았어. 우리 이 평양에도 그 독립 협회의 지부가 생겼다는 거야. 그래서 그 독립 협회에서 정부 고관들과 우리 같은 백성들을 한자리에 모아 놓고 연설도 하고 뭐 정치라는 것에 대해 서로 토론하는 회의라고 하던데…….”

"그래에? 그래서 오늘 평양 감사도 나온다고 했구먼."

"그럼, 오늘 연설은 누가 한대?"

"허허, 이 사람 좀 보게. 아니 여기까지 오면서도 아직 누가 연설하는 줄도 몰라."

"모르는 게 아니라 사람들이 그러는데 한 스무 살 먹은 총각이 연설을 한다기에……. 그게 사실인가?"

"그건 자네 말이 맞아. 연설을 아주 기가 막히게 잘 한다고 하던데."

"그렇다면 어서 가서 들어봐야겠네. 사람들이 더 많이 몰려들기 전에 어서 서둘러 가 보세."

사람들은 등에 송알송알 땀방울이 맺히는 것에도 아랑곳하지 않고 쾌재정으로 발길을 재촉했다.

쾌재정 앞에는 발 디딜 틈조차 없을 정도로 사람들로 꽉 차 있었다. 그들의 눈동자는 모두 연단을 향해 있었다.

정자 안에는 사람들의 말대로 평양 감사 조민회를 비롯해 고관들의 얼굴도 보였다.

"저 총각이 오늘 연설을 할 모양이지?"
"맞아. 그럴 모양인데……!"
쾌재정 안을 뚫어지게 바라보던 사람들의 웅성거리는 소리와 함께 무명 두루마기를 입은 한 청년이 조용히 연단 앞으로 나와서 이야기를 시작했다.
"여러분! 쾌재정, 쾌재정 하기에 뭐가 그렇게 즐거운가 했더니, 정말 오늘 이 자리야말로 쾌재를 불러야 할 자리인 것 같습니다."
차분한 목소리로 수많은 관중을 둘러보는 짧은 머리 청년의 눈동자가 반짝 빛났다.
청년 연사의 이 또렷또렷한 첫마디는 쾌재정 앞에 모인 사람들의 마음을 그대로 끌어모았다. 그러자 쾌재정 앞의 사람들은 쥐 죽은 듯이 조용해졌다.

"여러분! 오늘이 고종* 황제의 탄생일인데 이렇게 온 백성이 한데 모여 축하를 올리니 이 얼마나 기쁜 일입니까. 또 이 자리에는 평양 감사를 비롯해 높은 관원들이 우리들과 자리를 함께하고 있습니다."

청년 연사의 우렁찬 목소리에 쾌재정 앞은 엄숙한 분위기마저 감돌았다.

"남녀노소 빈부귀천을 막론하고 이렇게 자리를 함께한 것만도 얼마나 뜻깊고 즐거운 일입니까?"

사람들은 넋을 잃은 듯 청년 연사의 연설에 귀를 기울였다. 안창호는 주위의 높은 벼슬아치들을 둘러보며 말했다.

"이렇게 기쁘고 즐거운 날, 제가 꼭 한마디 하지 않을 수가 없군요. 세상에 백성을 위하겠다는 수많은 벼슬아치가

고종

조선의 제26대 왕(1852~1919)이며 이름은 희, 자는 성립이다. 1894년 갑오개혁을 단행한 뒤 일본의 힘을 빌려 내정 개혁을 하려고 했으나 뜻을 이루지 못했다. 1897년 국호와 연호를 각각 대한과 광무로 고치고 황제라 칭하였으나, 1907년 헤이그 밀사 사건으로 퇴위하였다.

대한제국의 황제인 고종의 초상

오히려 벼슬길에 오르기만 하면 재물 거둬들이기에 바쁘고 죄 없는 백성들만 잡아다가 주리를 틀고 돈을 빼앗으니 죽는 것은 힘없는 백성뿐이 아닙니까? 더군다나 벼슬아치들은 그 돈으로 허구한 날 술타령이나 하니, 이래서야! 어디 나라 꼴이 되겠습니까?"

당돌하기만 한 안창호의 말에 사람들은 눈이 휘둥그레졌다. 그렇지 않아도 이런 생각을 한두 번쯤 안 해 본 사람은 없었다. 그러나 이렇게 많은 사람들이 있는 데서 툭 터놓고 얘기를 한다는 것은 꿈에도 생각지 못하던 일이다.

그런데 나이 어린 청년 연사가 자기들이 보고 느끼며, 마음속에 담고 있던 말들을 대신 전해 주는 것 같아 사람들은 묵은 체증이 가신 듯이 속이 시원했다.

"옳소! 옳소!"

처음에는 자기 귀를 의심하던 사람들도 박수 소리가 한 번 터져 나오자, 여기저기서 기다렸다는 듯이 함성을 지르고 박수를 쳐 쾌재정 앞은 떠나가는 듯했다.

더욱이 이렇게 많은 사람이 모여 있는 가운데 연설을 들는 것도 처음이요, 탐관오리의 행태를 낱낱이 들춰 가며 꼬집는 것도 처음 본 터라 사람들은 모두 감동하여 자신도 모르게 우레와 같은 박수를 보냈던 것이다.

그러자 청년 연사의 말이 끊어질 때마다 얼굴색이 붉으락푸르락하던 평양 감사조차 '옳소! 옳소!' 하며 박수를 쳤다. 그 광경을 본 사람들은 더욱 신바람이 났다.

"이제야 우리도 마음 놓고 살날이 온 것 같아."

"정말이야. 누가 오늘 같은 날이 있을 줄 생각이나 했겠어."

"그런데 저 총각 어머니는 어떤 사람이길래 저렇게 씩씩하고 당찬 아들을 낳았을까?"

"그러게 말이에요."

이 청년 연사가 바로 당시 스물한 살의 도산 안창호였다.

안창호가 수많은 사람을 감동하게 한 이 연설은 그 유명한 '평양 쾌재정 연설'이었고, 안창호는 그 후 연설 잘하는 청년으로 더욱 유명해졌다.

"할머니, 혹시 저의 할아버지가 저에 관해 묻거든 오늘

아침에 고모네 간다고 하는 것 같다고 말씀 좀 해 주세요."

"왜? 고모네 가고 싶어서?"

"네. 그런데 할아버지가 '고얀놈! 거긴 왜 갔어?' 하고 화를 내시면 그냥 집에 있고, 그렇지 않으면 고모네에 가서 좀 놀다 오고 싶어서 그래요. 그러니 할머니, 저의 할아버지께 슬쩍 한 번 다녀와 주세요, 네에?"

한 소년이 이웃집 할머니의 손을 꽉 잡고 애원하듯 말했다.

"오냐, 알았다. 내가 얼른 갔다 올 테니 잘 놀고 있거라."

잠시 후, 소년은 그 할머니를 다시 만났다. 할머니의 입에서 어떤 말이 나올지 몰라 가슴이 설레었다.

"할아버지가 뭐라고 하셨는지 어서 말씀해 주세요."

"오냐. 네 할아버지가 아무 말도 하지 않는 걸 보니 놀다 와도 되겠더라."

"정말이죠, 할머니?"

"그럼, 내가 왜 거짓말을 하겠니?"

"야, 신난다! 고맙습니다, 할머니. 저 그럼 고모네 좀 다녀올게요."

이 소년이 바로 어릴 적 안창호의 모습이었다.

창호는 일찍이 아버지를 여의고, 할아버지의 사랑을 듬뿍 받으며 자랐다. 창호의 할아버지는 글을 잘하시는 분이었으며 손자가 말을 안 들으면 쫓아가 벌을 줄 정도로 매우 엄했다. 하지만 이런 할아버지도 창호의 꾀는 당할 수 없었다.

뜨거운 어느 여름날, 창호는 참외가 무척 먹고 싶었다. 그러나 갖고 있는 돈이 없어 사 먹을 수가 없었다.

어떻게 하면 참외를 먹을 수 있을지 골똘히 생각하던 창호의 얼굴이 갑자기 환해졌다.

'그래. 이 방법을 써먹자!'

창호는 그대로 참외밭으로 달려갔다.

"아저씨, 아저씨! 저의 할아버지가 저를 붙잡아서 때리려고 하니, 참외밭에 좀 숨겨 주세요!"

"너 또 뭘 잘못했구나."

"아녜요. 말씀은 나중에 드릴 테니 어서 숨겨만 주세요."

"알았다. 우선 저리로 가서 숨거라."

참외밭 주인도 창호의 할아버지가 매우 엄한 분이라는 것을 알고 있기 때문에 헐레벌떡 달려오는 어린 창호를 얼른 참외밭에 숨겨 주었다.

참외밭에 엎드린 창호는 먹고 싶던 참외를 실컷 따먹었다.

한참 후 참외밭에서 나온 창호는 혹시나 거짓말한 것이 탄로가 날까 봐 가슴을 조이며 주인에게 숨겨 주어서 고맙다는 말만 남기고 급히 달음박질을 쳤다.

그 후 죄책감에 시달리던 창호는 이때부터 다시는 거짓말을 하지 않기로 했다. 나중에 대성 학교 학생들에게 '농담으로라도 거짓말을 하지 말라.'고 가르친 안창호의 이 말은 어린 시절의 경험에서 나왔을 것이다.

특히 꽃을 좋아했던 창호는 들에 핀 꽃을 병에 꽂아 서당 훈장님의 책상 위에 갖다 놓는 것을 즐겨 하기도 했다.

이런 안창호가 태어난 것은 1878년 11월 9일. 평양에서 가까운 도롱섬에서 농사를 짓던 안흥국의 셋째 아들로 태어났다.

이곳 도롱섬의 사람들은 육지에서 농사를 지을 땅을 찾

〈서당〉
조선 시대 사립의 초등교육기관으로 유학을 바탕으로 한문을 교육했다.

아 섬으로 온 창호네를 '노내미집'이라고 불렀고, 어린 창호는 '노내미집 셋째 아들'로 통했다.

창호는 이곳에서 열네 살까지는 다른 아이들과 마찬가지로 집에서 소먹이는 일을 거들었다. 그러면서 창호는 일곱 살부터 여덟 살까지는 할아버지한테서 글을 배웠다. 그 후 아홉 살부터는 서당에 나가 한문 공부를 하였는데, 천성이 남다르게 뛰어나고 총명하여 사람들을 깜짝깜짝 놀라게 했다.

본격적으로 공부를 한 것은 열네 살에서 열여섯 살까지

 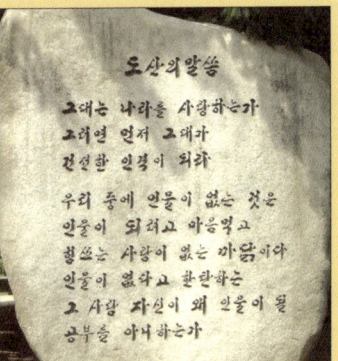

도산 공원(서울 강남구 도산대로45길 20)에 있는 안창호의 동상(왼쪽)과 그의 말씀을 새긴 비석(오른쪽)

의 3년 동안이다. 이웃 마을의 선비인 김현진 선생에게서 전통적인 유학을 배웠다.

마을 노인들은 저녁때만 되면 총명한 창호를 불러 옛날 이야기책을 읽게 했다.

"오늘도 노내미집 셋째를 나오라고 했나?"

"그러엄, 그 녀석이 읽어 주는 애기책이 얼마나 재밌는데."

창호는 마을 노인들이 찾으면 언제라도 달려가 옛날 이야기책을 재미있게 읽어 드렸다.

그러나 무엇보다도 이 시기는 안창호가 자기 삶의 방향

을 정하는 데 결정적인 영향을 받게 되는 때였다. 그는 같은 서당에 다니던 몇 살 위인 필대은이라는 친구한테서 그 당시 조심스럽게 퍼지고 있던 민족 사상을 알게 되었으며, 1894년 청일 전쟁을 보고 들은 뒤 우리나라의 정세를 깊이 생각하게 된 것이다.

'일본과 청나라가 마음대로 우리나라에 들어와서 싸우는 것은 우리가 힘이 없기 때문이야.'

평양에서 청일 전쟁을 지켜본 창호는 우리도 힘을 키우지 않으면 안 된다는 사실을 깨닫고 이제부터 나라와 겨레를 위해 자신을 바치겠다는 마음을 새롭게 다져 나갔다.

역사 속으로

독립 협회와 만민 공동회
독립 협회

　1896년 아관 파천으로 김홍집의 친일 내각이 무너짐으로써 일본의 침략 세력은 일단 견제되고 한반도에 있어서 어느 정도 열강의 세력 균형이 이루어졌다. 그러나 외세의 침투가 계속되어 나라의 자주권이 크게 위협을 당하면서 국민 사이에 나라의 자주독립을 지키려는 움직임이 일어났다. 그리하여 《독립신문》을 간행하고 있던 서재필과 개화파 지식인들이 중심이 되어 1896년 우리나라 최초의 근대적인 사회·정치 단체인 독립 협회를 설립하였다.

　초기의 독립 협회에는 정부의 고관들도 회원으로 가입하였으나, 점차 민간인들이 이끌어 나갔으며, 지방에도 지회가 조직되어 전국적인 단체로 발전하였다. 독립 협회는 회원 자격에 제한을 두지 않아 학자, 상인, 농민, 노동자뿐만 아니라, 사회적으로 천대받던 계층까지도 참여하였다.

　독립 협회의 활동 방향은 국민을 계몽하여 이들을 정치 활동에 참여시킴으로써 나라의 자주독립을 지키고, 국민의 권리를

확립하며, 개혁을 통해 나라를 부강하게 하려는 것이었다.

독립 협회는 앞서 간행되고 있던 《독립신문》을 통하여 국민을 계몽하고 국민의 성금을 모아 영은문 자리에 독립문을 세웠으며, 토론회와 연설회를 자주 열어 국민의 자주독립 의식을 고취하였다.

서울 서대문에 있는 독립문. 독립 협회는 중국 사신을 맞이하던 영은문을 헐고, 그 자리에 자주독립을 상징하는 독립문을 세웠다.

특히, 독립 협회는 국민의 권리를 존중하는 정치가 행해져야 하며, 이것이 나라를 부강하게 하는 근본이라고 주장하였다. 또, 국민이 직접 정치에 참여하는 민주적인 정치를 주장하였다. 독립 협회는 다른 나라들이 우리나라의 이권을 빼앗는 것을 반대하는 운동을 벌였으며, 러시아 공사관에 머물러 있던 고종의 환궁을 요구하기도 했다.

만민 공동회

　독립 협회의 활동 중에서 가장 활발하였던 것이 만민 공동회였다. 1897년 서울 종로에서 열린 만민 공동회는 일종의 민중 집회로서, 독립 협회의 회원들이 중심이 되었으며 일반 시민들도 참여하였다.

　만민 공동회에서는 정치·사회의 여러 문제에 관해 비판하고, 근대적인 의회 정치의 실시 등 혁신적인 개혁 정치를 요구하는 건의를 국왕에게 올리기도 하였다.

　일반 시민들이 중심이 된 만민 공동회의 주장이 점차 강해지자, 이에 위협을 느낀 일부 보수적인 정치인들은 독립 협회의 간부들을 탄압하였다. 그리고 보부상들로 조직된 황국 협회를 앞세워 독립 협회와 충돌하게 한 후, 이를 구실로 독립 협회를 해산시켰다.

　독립 협회의 활동은 국민 사이에 자주독립 의식을 확산시켰으며, 이후 외세의 침략에 대항하는 민족 운동의 전개에 커다란 영향을 끼쳤다.

배움의 길을 향해

힘, 힘이 있어야 해! 힘을 길러야 해!'

청일 전쟁의 소용돌이 속에서 피해를 보는 쪽은 우리나라 백성들이었다. 싸움터로 변한 평양은 곳곳에서 불길이 치솟고, 집이 부서지고, 사람이 죽고, 잃어버린 가족들을 찾아 울부짖는 아비규환이었다. 이런 것을 두 눈으로 똑똑히 보아 온 안창호는 힘을 기르기 위해서는 꼭 새로운 학문을 배워야 한다고 생각했다.

'그래! 한성으로 가자, 그리고 새 학문을 배워 힘을 기르자!'

안창호의 가슴속에는 공부해야겠다는 욕망이 부글부글 끓어올랐다. 더구나 동학 농민 운동과 청일 전쟁까지 본 안창호는 더 이상 생각할 것이 없었다. 오직 배워야 한다는 신념뿐이었다.

'어떻게 하면 한성으로 갈 수 있을까? 모두 평양을 떠나 피난을 가는데 삼촌더러 우리도 피난 가자고 해 볼까?'

안창호는 곧바로 삼촌을 찾아갔다.

"삼촌! 우리도 뭔가 대책을 세워야죠. 밖에 한 번 나가 보세요. 다른 사람들은 지금 피난 준비에 정신이 없어요."

"너무 성급하게 굴지 마라. 그렇지 않아도 어디로 갈지 생각 중이다."

"모두 곡산으로 가는가 본데 우리도 같이 그리로 가는 게 어때요?"

안창호는 어떻게든 곡산으로 가고 싶었다.

"곡산이라는 데가 어디냐?"

"황해도니까, 여기서 남쪽이에요."

"그럼 어서 가자."

삼촌이 곡산으로 가기로 하자 안창호의 가슴속은 마냥 부풀어 올랐다. 어떻게 하면 한성으로 갈 수 있을지 하고 궁리를 하던 차에 한성과 가까운 황해도로 피난을 가게 됐으니, 안창호에겐 더 이상 기쁜 일이 아닐 수 없었다.

그러나 막상 곡산 근처까지 가자 청일 전쟁은 일본의 승리로 끝났고, 피난 갔던 많은 사람이 다시 고향으로 되돌아오고 있었다.

"저렇게들 다시 고향으로 되돌아오니, 우리도 여기서 집으로 돌아가자."

삼촌의 말에 안창호는 가슴이 뜨끔했다. 여기서 되돌아가면 다시는 한성으로 갈 수 없을 것 같은 생각에 안창호는 시치미를 뚝 떼고 삼촌을 바라보았다.

"삼촌, 이왕 여기까지 온 김에 저는 한성 구경이나 한번 하고 싶은데, 죄송하지만 여비나 좀 주세요."

안창호는 아무렇지도 않게 말하면서도 슬금슬금 삼촌의 눈치를 살폈다.

"그래, 그럼 잘 다녀오너라."

삼촌은 아무 소리도 않고, 안창호에게 여비로 10원을 선뜻 내어 주었다. 그 10원을 가지고 한성으로 달려가는 안창호의 마음은 날아갈 듯이 가벼웠다.
　안창호는 숭례문* 근처에 여관을 잡고 매일 한성 구경을 다녔다. 그러나 희망에 부풀어 한성으로 달려온 안창호였지만 반갑게 맞아 주거나 의지할 곳은 하나도 없었다. 결국 갖고 왔던 여비만 바닥나고 말았다.
　'무슨 일이라도 해서 밥값이라도 벌어야 할 텐데……'
　안창호는 이 궁리 저 궁리를 해 보았다. 어느 날 정동(덕수궁 뒤)을 지나가는데 누군가의 얘기를 듣느라 많은 사람이 모여 있는 게 눈에 띄었다.
　'무슨 일일까?'

숭례문

조선시대 한양 도성을 둘러싸고 있던 성곽의 정문으로 사대문 중의 하나이며, 남쪽에 있다고 해서 남대문으로도 불렀다. 현재 서울에 남아 있는 목조 건물 중 가장 오래된 것으로 태조 4년(1395)에 짓기 시작하여 태조 7년(1398)에 완성하였다.

우리나라 국보 제1호인 서울의 숭례문

호기심이 생긴 안창호는 그곳으로 다가가서 무슨 말을 하는지 귀를 기울였다.

"여러분! 배우고 싶은 사람은 누구든지 오십시오. 무료로 먹여 주고, 재워 주고, 또 공부도 할 수 있도록 해 드리겠습니다."

'먹고 자고 공부도 공짜로 그냥 시켜 줘? 도대체 저 사람은 누굴까?'

그는 미국인 선교사 밀러 목사였다.

'어려서부터 유학을 배운 내가 어떻게 서양 종교인 기독교를 믿고, 또 그곳 학교에 다닌단 말인가? 난 기독교 따윈 흥미 없어. 하지만 돈도 다 떨어지고……'

한참을 고민하던 안창호는 밀러 목사에게 다가가서 물었다.

"저… 정말로 공부를 그냥 시켜 주나요?"

"물론입니다."

안창호는 공부시켜 준다는 밀러 목사를 따라갔다.

'공자와 맹자의 도를 숭상하는 우리 민족이 어떻게 저런 학교에 들어갈 수 있을까? 그러나 당장 돈이 떨어졌으니,

우선 학교에 들어가서 겉으로 예수를 믿는 척하고 속으로 공자와 맹자의 도를 그대로 지켜 나가면 되겠지.'

이렇게 생각한 안창호는 그 길로 곧장 기독교 장로회에서 설립한 언더우드* 학교인 구세 학당에 입학했다.

이 학교는 나중에 경신 학교로 발전한다. 구세 학당에 입학한 안창호는 접장인 송순명의 전도를 받아 착실한 기독교 신자가 되었고, 열심히 공부하여 한 달에 1원씩의 장학금도 받게 되었나.

더욱이 동학당을 피해 한성으로 도망쳐 온 필대은도 안창호의 권유를 받아 기독교를 믿게 되었다.

안창호는 이렇게 서당 훈장인 김현진에게서 사서삼경을 배웠고, 필대은에게 민족 사상을 전수받은 뒤, 한성으로 유

**H.G. 언더우드
(1859~1916)**

미국인 선교사. 1885년 한국 최초의 장로교 선교사로 한국에 왔다. 1882년 한국 최초의 교회인 서울 새문안교회를 세웠으며, 연세대학교의 전신인 연희 전문학교를 창설했다. 한국의 종교·문화·언어·정치·사회 각 분야에서 많은 활동을 했다.

아버지의 뒤를 이어 선교와 교육 활동을 했던 언더우드 아들의 묘비

학을 와 과학 문명이라는 새로운 세계에 눈을 뜨게 되었다.

'앞으로는 미국 유학을 하러 가야겠다.'

안창호의 꿈은 날이 갈수록 더욱 커졌다. 길게 땋아 늘어뜨렸던 머리도 벌써 오래전에 깎아 버렸다. 안창호는 태평양을 건너 미국으로 유학을 가 더 많은 학문을 배우는 것이 청일 전쟁을 겪으며 세운 자신의 굳은 의지를 실천하는 길로 결정했다.

구세 학당에서 처음으로 배운 산수와 세계 지리, 과학은 안창호에게 서양의 문화와 문물을 알게 하였고, 세계로 향한 눈을 더욱 크게 뜨게 하였다.

더욱이 안창호는 우리 민족에게 필요한 것은 새로운 문명을 깨우치게 하는 교육이 우선이라고 판단하였다.

그런데 미국으로 유학을 가야겠다는 꿈을 간직한 채 고향으로 돌아온 안창호에게 뜻하지 않은 일이 기다리고 있었다. 그것은 할아버지가 그 당시의 풍습대로 안창호의 뜻도 물어보지 않고, 안창호의 옛 서당 스승인 이치환의 딸 이혜련을 신붓감으로 정해 놓은 것이다.

그 소식을 들은 안창호는 장인이 될 신부 아버지를 찾아갔다.

"저는 기독교를 믿는 사람입니다. 그런데 댁에서는 기독교를 믿지 않으니 어떻게 제가 혼인을 할 수 있겠습니까?"

"알았네."

안창호의 말에 신부 아버지는 마을에 있는 교회를 찾아가 온 가족이 기독교 신자가 되었다.

그러자 안창호는 또 다른 문제를 내세웠다.

"저는 앞으로도 공부를 더 해야 합니다. 그러나 댁의 따님은 공부를 하지 않았으니 앞으로 잘 사는 가정을 이루기는 힘들 것 같습니다."

안창호의 이 말은 약혼을 반대한다기보다도 장래의 아내를 학교에 보내기 위한 하나의 수단이었다.

"그럼, 우리 딸도 배우면 될 것 아닌가?"

안창호는 더 이상 할 말이 없었다.

안창호는 그 길로 이혜련과 자기 여동생을 데리고 한성으로 가 둘을 정신 여학교에 입학시켰다.

그 당시만 해도 여자에게 신식 교육을 시킨다는 것은 여간 어려운 일이 아니었다. 그렇지만 안창호는 한 사람이라도 더 깨우쳐야 한다는 교육의 필요성을 절대적으로 느끼고 있었기 때문에 남자든 여자든 배워야 한다는 생각이었다.

안창호가 두 번째 한성으로 온 이 무렵은 서재필이 조직한 독립 협회가 활발하게 활동을 할 때였다. 그래서 안창호는 독립 협회에 가입하였고, 필대은과 뜻을 모아 평양에다 관서 지부를 설치했다.

그 유명한 안창호의 쾌재정 연설도 이 관서 지부를 조직한 기념으로 열린 만민 공동회 자리에서 행한 것이다.

그 뒤에도 안창호의 연설은 한성을 비롯한 전국 방방곡곡에서 울려 퍼졌다. 한성에서 처음 연설할 때는 시골뜨기라고 우습게 보던 많은 사람들이 서로 안창호 환영 만찬을 열겠다고 나설 정도로 그의 소문은 전국으로 퍼져 나갔다.

그만큼 안창호의 연설은 우리 민족에게 독립과 자주정신을 불어넣어 주면서 우리가 당장 해야 할 일이 무엇인가를 깨우쳐 주었다.

그러나 만민 공동회의 운동이 눈에 띄게 활발해지자, 이를 반대하는 황국 협회*의 방해도 끊이지 않았다. 심지어 전국의 보부상까지 동원해 방해하는 바람에 독립 협회에 참가했던 사람들은 뿔뿔이 흩어지게 되었다.

첫 번째 정치 운동에서 이런 패배의 쓰라림을 맛보고 고향으로 돌아온 안창호는 다시 마음을 가다듬고, 자신이 평소에 꿈꿔 왔던 학교를 세웠다.

점진 점진 점진 기쁜 마음과
점진 점진 점진 기쁜 노래로
학과를 전무하되 낙심 말고
하겠다 하세, 우리 직무를 다.

황국 협회

1898년에 개화 세력을 탄압하고 만민 공동회의 운동이 활발해지자 이를 방해하기 위해 수구 세력이 조직한 어용 단체이다. 이기동, 홍종우, 박유진 등을 중심으로 하여 보부상과 연결되어 독립 협회를 견제하였다.

만민 공동회의 연설 장면

안창호의 이 점진 학교는 맏형이 사는 강서군 동진면 바윗고지에 세워졌는데, 우리나라 사람 손으로 세워진 최초의 사립 학교이며, 남녀 공학을 실시한 것도 이 학교가 처음이다.

안창호가 손수 지은 이 학교의 교가 내용에 '점진'은 안창호의 실력 배양 주의인 '힘을 기르자'는 그의 평생 신조의 첫 번째 표현이다. 그렇기 때문에 점진이라는 말은 천천히 나가자는 뜻이라기보다는 서두르지 말고 조금씩 조금씩 쉬지 말고 나가자는 의미가 담겨 있다.

이때가 안창호의 나이 스물두 살 되던 해이지만, 점진 학교의 교장으로, 교사로, 급사로 모든 일을 스스로 다 해냈다.

점진 학교가 나날이 발전해 나가자 안창호는 강변을 메워 농토를 넓혀 나가는 일도 시작했다.

'저 강변을 메우면 기름지고 넓은 땅을 많이 만들 수 있을 텐데⋯⋯.'

안창호는 곧바로 점진 학교 학생들과 함께 강변을 메워 옥토로 가꿔 나갔다. 그렇지만 안창호는 그 일을 하면서도 미국 유학의 꿈을 버리지 못했다.

'자신이 힘이 없으면서 남의 힘을 길러 준다는 것은 마치 내가 의술을 배우지 아니하고 남의 병을 고치려는 것과 같이 어리석은 일이다. 그래, 공부하자!'

강변 메우는 일을 시작한 지 3년 만에 안창호는 미국 유학의 길을 떠나기로 마음을 먹었다. 그래서 반쯤 완성된 강변 공사는 형에게 맡기고, 점진 학교는 다른 동료에게 맡긴 채 안창호는 새로운 배움의 길을 찾아 미국 유학길에 올랐다.

미국으로 가는 뱃길은 멀고도 험했다. 붉게 물든 수평선 너머로 아스라이 보이던 산봉우리가 점점 가까이 다가오자 사람들은 모두 환호성을 질렀다.

"육지다! 하와이다! 미국이다!"

뱃길로 10여 일. 그것도 여비를 아끼느라 화물선을 탄 안창호는 멀리 섬이 보이자, 마치 미국에 도착한 것 같아 가슴이 울렁거리

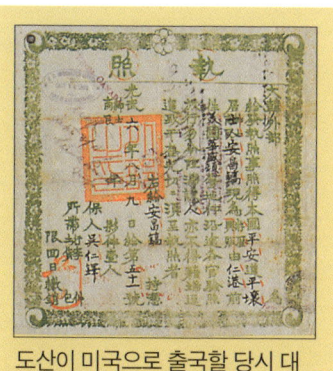

도산이 미국으로 출국할 당시 대한제국 회부에서 발행한 집조 (지금의 여권)

기까지 했다.

더군다나 약혼녀인 이혜련과 결혼식만 간소하게 올리고 곧바로 함께 미국 유학의 길로 나선 안창호로서는 더욱 감회가 깊었다.

'아, 섬이다! 산이다!'

나라와 민족을 위해서만 살고 일하겠다는 굳은 신념 속에 새 학문을 배우러 미국으로 가는 뱃길에서 멀리 섬을 바라다보며 안창호는 마음을 더욱 굳게 다졌다. 이때의 감동이 오늘의 '도산'이라는 아호를 탄생시켰다. 도산은 섬 봉우리라는 뜻이 담겨 있는 말이다.

안창호가 탄 배는 마침내 샌프란시스코에 도착했다.

그리고 그의 일행이 이민국의 검사를 받을 때였다.

"아, 당신은 조선 사람이군요. 나도 조선에 가 본 일이 있소."

"네에?"

안창호는 깜짝 놀랐다.

"난 다울이라고 하오. 미국에 아는 사람이 없으면 우

리 집에 머물며 청소를 거들어 주지 않겠소?"

"고맙습니다. 정말 열심히 하겠습니다."

미국에 도착한 그날부터 곧바로 일자리를 얻은 안창호는 정말 열심히 일을 했다. 자기가 살고 있는 집을 정리하듯 집 안팎 구석구석까지 말끔히 정리 정돈을 했다.

그것을 본 집주인 다울 의사도 매우 흡족히 여겼다. 그래서 이웃 사람들에게까지 자랑하며 칭찬을 아끼지 않았다.

'내가 미국에 와서 남의 집 일만 해 주면 공부는 언제 한단 말인가!'

오직 안창호의 마음속에는 공부해야 한다는 목표 이외에는 아무것도 없었다.

뿐만 아니라 안창호는 직접 경험을 통해 미국 교육행정의 좋은 점이 무엇인가를 자세하게 연구하고 싶었다.

'미국에는 보통학교, 고등 보통학교, 전문학교의 과정이 어떻게 되어 있을까?'

늘 이렇게 생각하던 안창호는 영어를 배우기 위해 우리나라의 보통학교 수준과 비슷한 학교에 입학하였다.

여기서 1년 동안 안창호는 영어를 배웠다. 그리고는 교민들이 많이 살고 있는 로스앤젤레스로 이사를 갔다.

안창호는 그곳에서도 남의 집 일을 봐 주면서 아내에게는 학교에 나가 공부를 하도록 했다.

'내 힘이 닿는 데까지 열심히 일하는 것이 우리 교민를 위하는 거야.'

그때 로스앤젤레스에는 20명 정도의 우리 교민이 살고 있었다. 그중에서 인삼*을 팔러 다니는 사람이 10명, 안창호와 같이 공부를 하러 온 사람이 10명 정도 되었다. 그러나 그 사람들의 생활은 말이 아니었다. 더구나 툭 하면 서로 시비를 걸고 싸우는 바람에 미국 사람들한테 좋은 인상을 주지 못했다.

인삼

예로부터 약용으로 많이 재배해 오던 식물로 두릅나뭇과의 여러해살이풀이다. 줄기 높이는 60센티미터가량이며 뿌리는 희고 살이 많으며 가지 또한 많이 친다. 줄기 끝에 손바닥 모양의 잎이 서너 잎 돌려나며 여름에 연한 녹색 꽃이 피고 길쭉한 열매가 붉게 익는다. 평균 4~6년 만에 수확한다.

우리나라의 대표적인 특산품인 인삼

도산 안창호가 미국에 처음 발을 디딘 샌프란시스코의 금문교

"상투쟁이가 뭘 안다구 그래."

공부하러 온 학생들은 중국 사람들에게 인삼을 팔러 다니는 교민들을 보고 상투쟁이라고 불렀다.

"깎아대기들이 뭘 할 줄 알아."

인삼을 팔러 다니는 사람들은 또 머리를 짧게 깎은 학생들을 이렇게 부르며 서로 헐뜯었다. 그러자 미국 사람들은 미개한 민족이라 같은 교민끼리 싸움질이나 한다고 손가락질했다.

그러던 어느 날, 큰길가에서 인삼을 팔러 다니는 사람이 서로 상투를 붙들고 싸우는 것이 눈에 띄었다. 그 주위에는 미국 사람들이 빙 둘러서서 재미있다는 듯이 구경하고 있었다.

그것을 본 안창호는 도저히 가만히 있을 수가 없었다.

"여보시오, 남의 나라에 와서 이게 무슨 꼴이오. 어서 그만들 두시오."

안창호는 두 사람의 사이를 파고들어 싸움을 말렸지만 미국 사람들에게 보여 준 교민들의 추한 모습에 분통이 터질 지경이었다.

아무리 자기의 장사 구역이라고는 하지만 같은 교민끼리 치고받고 싸운다는 것은 도저히 있을 수 없는 일이라고 생각되었다. 로스앤젤레스에서 사는 다른 사람들도 마찬가지였다. 그들의 생활 태도는 손가락질을 당하고도 남을 정도였다.

'이래서는 안 돼. 이건 나라의 수치야. 이들을 먼저 인도하여 다른 나라 사람들의 모범이 되게 해야만 우리나라가 독립 국가임을 세계에 알릴 수 있어.'

안창호는 자기의 뜻을 동지인 이강, 정재관에게 알리기

로 작정했다.

"지금 우리는 공부해야 할 때이지만 이왕 늦은 공부니, 한 3년 더 늦어도 큰 일은 없을 것 같소. 우선 시급한 것은 우리 교민들의 생활을 향상시킬 수 있도록 지도하는 것이 더 중요하다고 생각되오."

안창호의 말에 두 사람은 적극 찬성했다.

"우리 한번 해봅시다."

"좋습니다."

안창호는 그날부터 교민들의 집을 찾아 나섰다.

유리창을 닦고, 커튼도 새로 달고, 화분에 꽃씨를 심어 주었다. 안창호는 로스앤젤레스에 사는 교민들에게 우선 생활 환경을 깨끗이 해야 한다며 말로 하지 않고 자기가 직접 실천에 옮기면서 모범을 보였다.

"아니, 저 깎아대기가 갑자기 왜 저러지?"

"혹시 무슨 딴생각이 있어서 그러는 거 아냐?"

안창호는 하루도 빠지지 않고 교민들의 집을 찾아다니며 집 안을 깨끗하게 가꿔 주었다.

안창호 선생의 애국정신과 교육 정신을 기리고자 조성한 서울시 강남구에 자리 잡은 도산 공원 입구

 사람들은 처음엔 안창호를 의심하였다. 그러나 화장실까지 성심성의껏 청소를 해 주는 안창호를 보고, 한 사람 두 사람 그 뒤를 따르게 되었다.
 그러자 얼마 안 가서 교민들이 사는 곳은 어디를 내놔도 손색이 없을 정도로 완전히 달라졌고, 빗자루를 들고 말없이 청소하러 다니던 안창호는 교민들의 새로운 지도자가 되었다.

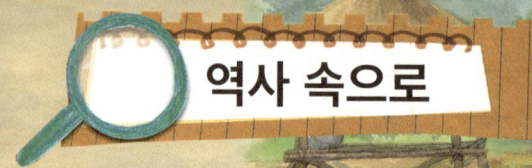

신민회와 흥사단

을사늑약이 체결된 후 미국에서 귀국한 안창호에 의해 1907년 만들어진 신민회는 정치·경제·문화·교육 등 여러 방면으로 국가의 실력을 기르는데 앞장선 단체이다.

신민회의 회원은 애국 사상이 투철한 독립 협회의 청년 회원들과 지도적 인사들로 구성되었으며, 전국적 규모의 애국 계몽 단체로 커 나갔다.

설립 목적은 자주독립국을 세우는 것이었고, 그 방법으로 실력 배양론을 전개하는 것이었다.

세부적인 실천 사항으로는 첫째, 신문·잡지·서적의 발간이며, 둘째 학교 설립을 통한 인재 양성, 셋째 산업 부흥책의 개발과 실천, 넷째 무관 학교 설립, 다섯째 독립군 기지 확보 등으로 구분할 수 있다.

조직은 철저한 비밀 결사로 일제 탄압에 대항했으며, 중앙에서 군에 이르기까지 의결 기관을 두어 전국의 8백여 회원을 거느렸다.

　신민회는 교육 구국 운동에 가장 심혈을 기울여 평북 정주에 오산 학교, 황해도 안악에 양산 학교 등을 세워 애국주의 교육을 실시했다.

　또한 계몽 강연 활동을 활성화시켰으며 신흥 무관 학교의 설립으로 독립군을 양성하기도 했다. 그러나 실력 배양과 무력 투쟁이라는 양대 독립운동의 중심에 서 있었던 신민회는 1911년 1월 일제가 조작한 '105인 사건'에 의해 해체되는 운명을 맞는다.

　이에 비해 흥사단은 1906년 안창호, 이갑, 전덕기, 양기탁 등이 조직한 정신 수양 단체를 모체로 해서 1913년 미국 로스앤젤레스에서 안창호가 중심이 되어 결성했다.

　사회 교육, 국민 훈련 기관인 흥사단은 무실·역행·충의·용감을 4대 기본 정신으로 하고 건전한 민주 시민이 갖추어야 할 지·덕·체 3교육을 기본 덕목으로 하였다.

　흥사단에서는 5대 생활 지표로 자아 혁신과 신성 단결, 단무 봉사, 책임 완수, 대공 복무를 내세웠다.

　초창기에는 이민 교포와 유학생들을 상대로 인격 수양과 생활 개선에 주력하다가 안창호가 대한민국 임시 정부의 내무 총

장으로 부임하자 상하이에 흥사단 원동 위원부를 조직하였다. 이어 1922년 서울에 수양 동맹회, 1923년 평양에 동우 구락부를 결성하여 국내에서 합법적인 민족 운동을 전개했다.

두 단체는 1925년 수양 동우회로 통합되었다가 곧 동우회로 개칭되었고, 1937년 '동우회 사건'으로 안창호를 비롯한 2백여 명이 검거되면서 강제 해산되었다.

도산 안창호

1946년 국내 위원부가 조직되었으며, 1948년 8월 15일 국내로 본부를 이전하여 운영되어 오다가 1969년 사단법인 설립 인가를 받아 전국 10개 지부를 결성하여 오늘에 이르고 있다.

귤 하나 따는 것도
나라 위하는 일

"아니, 자네 웬일인가? 와이셔츠가 눈보다도 하야니? 정말 이렇게 차리고 나오니 자네 같지가 않네."

교민들은 서로의 달라진 모습을 보고 한마디씩 했다.

"이 사람아, 목소리 좀 낮추게. 좀 점잖게 얘기를 하지 못하고……."

안창호의 피나는 노력에 힘입어 우리 교민들은 성숙한 문화 시민으로 거듭날 수 있었다.

'인삼 상주들도 구역을 정해서 돌아가며 장사를 할 수 있

도록 하는 게 좋겠어.'

안창호는 똑같이 구역을 나누어 인삼 장수들이 한 달에 한 번씩 구역을 바꿔 가며 장사를 하게 하였다. 가격도 공정하게 정해 서로 싸게 파는 것을 막았다.

이것이 밑받침이 되어 나중에는 인삼을 사고파는 것도 협동으로 하게 되었다. 그러자 교민들의 신용은 더욱 높아졌으며, 이익도 보장받게 되었다. 이는 협동 정신과 준법정신을 스스로 실천에 옮기게 한 안창호의 노력 덕분에 얻은 소득이었다.

이렇게 갑자기 변한 우리 교민들의 생활 습관에 미국인들도 놀랐다.

"아니, 당신네 나라에서 훌륭한 지도자가 왔습니까?"

조선 사람에게 빌려준 자기의 집이지만 하도 더럽고 냄새가 나 근처에 가기조차 꺼려 했던 미국 사람들이 새집처럼 깨끗하게 단장된 것을 보고 혀를 내둘렀다.

"당신네 조선인의 살림살이가 이렇게 깨끗하게 변한 것은 특별한 지도자 없이는 안 될 텐데……. 그 지도자를 한

번 만나 보고 싶소."

집주인인 미국 사람은 우리의 지도자인 안창호를 만나 보고 싶어 했다.

"아니, 이렇게 젊은 분이…… 놀라운 일이오. 난 머리가 하얗고 나이가 많을 줄 알았는데……."

안창호를 만난 집주인은 놀라지 않을 수 없었다.

'참으로 훌륭한 청년이군.'

"앞으로 집세는 1년에 열한 달 치만 받겠습니다. 또 조선 인들이 모일 수 있는 회관을 무료로 빌려 드리지요."

"그게 정말입니까?"

"힘닿는 대로 도와드리겠으니 필요한 게 있으면 언제든 말씀 하십시오."

"말만 들어도 고맙습니다. 조선인 경영의 직업 소개소를 만들고 싶은데……."

"그렇게 하시지요. 필요한 자금은 얼마나 됩니까?"

"1천 5백 달러면 되겠습니다."

"자, 여기 있습니다."

집주인은 안창호를 신뢰했다.

"당신 같은 젊은 사람들이 열심히 일하면 반드시 성공할 것이오. 빌려준 1천 5백 달러에 대한 이자나 사례금은 바라지 않겠소. 신문사에 광고도 내가 해 주고, 전화도 놓도록 해 줄 테니 잘들 해 보시기 바라오."

안창호는 그날로 미국에서 처음으로 조선인 경영의 직업 소개소를 설치하였다. 그러자마자 소문을 듣고 조선 사람들이 몰려와 성황을 이루었다.

일은 착착 진행되었고, 안창호는 집주인에게 빌렸던 1천 5백 달러를 한 달 만에 갚을 수 있었다. 그러자 처음엔 조선인이 경영하는 직업 소개소를 깔보던 일본인들도 그 놀라운 발전에 깜짝 놀랐다.

안창호는 이 직업 소개소를 민족적인 사업체로 발전시켜 나갈 계획을 세우고, 곧바로 공립 협회라는 단체를 조직했다. 이 소식을 듣고 사방에서 교민들이 모여들어 회원도 35명으로 늘어났다. 교민들의 어려운 처지를 보고 교민 지도에 나선 안창호는 초창기 교민 사회의 대중적인 지도자가 되었다.

'밤에는 이 회원들에게 공부를 가르쳐야겠다.'

안창호가 밤에 공부를 가르쳐 줄 봉사자를 찾자 공부할 학생보다 더 많은 지원자가 나서기도 했다.

이렇게 낮에는 일을 하고 밤에는 공부까지 할 수 있게 되자, 공립 협회 회원들의 기술과 신용이 날로 두터워졌다. 그러자 먼 곳에서 찾아오는 교민들의 숫자도 계속 늘어났다.

그러나 이 공립 협회를 찾아오는 사람들 가운데는 신용이 없는 사람도 있었고, 협회의 골칫거리도 있었다. 그렇지만 안창호는 이런 사람들까지도 다 받아들여 그 나쁜 버릇을 말끔히 고쳐 나가게끔 했다. 더욱이 이 공립 협회는 요즘의 주미 대사관과 같은 역할을 했기 때문에 미국에 사는 교포들은 무슨 일이 생기면 이곳을 먼저 찾았고, 공립 협회의 이름으로 미국 관청에 건의하기도 했다. 미국 관청에서도 공립 협회를 상대로 교포들의 일을 상의했다.

안창호는 회원들의 생활 지도에도 온 힘을 다 쏟았다. 9

시에는 불을 끄고 잠자리에 들게 했으며, 부인들이 긴 담뱃대를 물고 거리로 다니지 못하게 하고, 속옷 바람으로 밖에 나오지도 못하게 했다.

"이제 좀 사람답게 사는 것 같군. 하하하……."

"도산 선생의 공화국은 참으로 훌륭해!"

공립 협회가 발전하자 협회 기관지인 《공립신보》도 한 달에 두 번씩 발행했다.

'이제야 우리 공립 협회가 국내외에 힘을 가지게 되었군.'

그러던 어느 날, 안창호는 미국 사람들의 초청을 받았다.

"초대해 주셔서 감사합니다."

"어서 오시오, 안창호 선생! 1년 동안 조선인을 지켜보았는데 정말 좋은 사람들입니다. 열심히 일해서 번 돈을 알뜰하게 저축하고 본국으로 부치기도 하고……. 오히려 미국 사람이 본받아야 할 점이 아주 많습니다."

미국인 목사의 말이 끝나자 과수원 주인이 말을 이어받았다.

"우리 농장은 올해 조선 사람들의 덕분으로 이익을 많이 보게 돼 정말 감사드립니다. 그것은 조선 사람들의 지도자이신 도산 선생이 귤 한 개를 따도 자기 일처럼 정성껏 따라고 일러 주신 대로 조선 형제들이 잘 따라 주었기 때문입니다."

그러고 나서 그 고마움의 뜻으로 성경책과 찬송가 40권을 선물로 주었다.

"당신들이 도와준 덕분에 우리들은 1년 동안 잘 지내 왔습니다. 그러나 일을 정성 들여서 하다 보니 능률이 떨어진 점이 있었다는 것을 미안하게 생각합니다. 그렇지만 앞으로는 더욱 기술을 배우도록 힘쓰겠으니 더욱 깊은 이해로 보살펴 주시고, 다른 곳에서 일하는 우리 교민들도 당신 같은 고마운 사람을 만날 수 있도록 부탁드립니다."

정중하게 인사를 하는 안창호의 마음속에는 다른 나라에 와서 피땀 흘려 노력해 준 교민들에 대한 고마움으로 가득 차 있었다.

미국 사람들이 주최한 이 감사의 모임은 공립 협회 회원들에게 자신감을 주고, 희망과 용기를 더욱 북돋워 주었다.

리버사이드 오렌지 농장에서 한인 노동자들과 함께한 도산(앞줄 왼쪽에서 두 번째)

"귤 하나를 정성껏 따는 일이 나라를 위하는 일이다."

늘 이렇게 강조해 온 안창호의 말이 결실을 보자, 공립 협회 회원들은 다시 안창호를 졸랐다.

"선생님, 이만하면 공립 협회의 토대도 다 섰으니, 선생님의 귀중한 시간을 버리실 것이 아니라 이제 더 큰 무대로 나가서 일을 하셔야 하지 않겠습니까? 선생님의 활동 자금은 저희가 대겠습니다."

"뜻은 고맙지만 난 아직도 여기서 할 일이 많습니다."

동지들의 권유에도 안창호는 극구 반대했다.

"그렇다면 우리가 여기서 일하는 것도 별 의미가 없으니, 오늘부터 우리 해산합시다."

공립 협회 회원들도 만만치 않았다.

"알았소. 내 동지들의 뜻을 따르겠소."

안창호는 공립 협회를 그들에게 맡기고 새로운 출발을 위해 더 큰 무대인 샌프란시스코를 향해 떠났다.

그 무렵, 일본은 러시아와 또 다른 전쟁을 벌이고 있었다.

안창호의 나이 스물일곱 살에 벌어진 이 러일 전쟁은 일본의 승리로 끝났다. 그래서 미국의 중재로 일본과 러시아의 강화 조약이 포츠머스에서 열리게 되었다.

이때, 하와이에서는 그 강화 조약 장소에 우리 대표도 참석해야 한다며, 윤병구를 대표로 하고 워싱턴에서 공부하는 이승만을 통역으로 보내 조선 문제를 제출하기로 했다. 그러나 미국은 조선

공사의 정식 요청이 없다는 구실로 회의 참석조차 허락하지 않았다.

 공립 협회에서도 강화 조약이 열린다는 것을 알고 회의를 했다. 그리하여 도산 안창호를 공립 협회의 대표로 보내기로 결의하고 안창호의 참석을 권유하기 위해 사람을 보냈다.

 "도산 선생께서 이 회담에 대표로 가시지요."

 "아니오. 우리는 권한이 없어 참석을 못할 텐데 공연히 교민들의 돈만 헛되이 쓸 뿐이오. 차라리 그 돈으로 조선인의 노동자를 위해 쓰는 게 더 좋지 않겠소. 잘들 생각해 보시오."

 그 무렵 샌프란시스코에서는 큰 지진이 일어났다. 그 바람에 공립 협회 회관은 불에 타 버렸고 조선인의 피해도 컸다.

 조선 정부에서는 샌프란시스코에 있는 지진 피해를 본 교민들을 위해 1,900달러의 위문금을 보내왔다. 그런데 그 돈은 이미 을사늑약으로 조선의 외교권을 일본이 갖고 있었기 때문에 일본 공사를 통해 전달되었다.

그러자 안창호는 즉석에서 거절 의사를 밝혔다.

"일본 기관을 통한 돈은 받지 않겠소."

그러고는 대의원들의 의견을 묻자 모두 안창호의 뜻에 찬성했다. 안창호는 곧바로 고종 황제에게 '위문금을 보내 주셔서 감사합니다. 그러나 우리는 별로 피해를 본 게 없어 다시 돌려보냅니다.'라고 하면서 그 돈을 되돌려 보냈다.

이렇게 공립 협회는 교포들의 외교적 대표 기관으로 확고한 자리를 잡아 나갔다.

그러나 나날이 기울어져 가는 조국의 운명을 멀리서 지켜보고만 있기에는 청년 안창호의 피는 너무도 뜨거웠다.

안창호가 미국에 머물던 5년 동안, 국내 정세는 날로 위태로워져 갔다. 을사늑약 이후 일본은 조선이 자기들의 보호국이라는 이름 아래 무조건 지배하려고만 했다. 군대는 해산되고, 여기저기서 의병이 일어나 일본에 대항하였지만 일본 군대의 신식 무기 앞에서는 국민의 희생만 늘어날 뿐 어떻게 할 방법이 없었다.

'가자, 기울어져 가는 내 조국을 바로 세우려면 조국으로 돌아가야 한다.'

안창호는 동지들과 진지하게 상의한 끝에 본격적인 구국 운동을 펼치기 위해 귀국하기로 마음을 굳혔다.

안창호의 나이 서른 살이 되던 1906년, 조국을 떠난 지 5년 만에 안창호는 다시 귀국길에 올랐다. 이때 안창호의 가슴속에는 이미 국내에서 펼칠 구국 운동의 새로운 목표와 방법과 조직 형태가 하나하나 그려져 있었다.

귀국하는 길에 안창호는 잠시 일본에 들러 그곳에서 태극 학회를 조직하고, 열렬한 애국 운동을 벌이고 있는 우리나라의 유학생들을 만났다. 그러고는 간부급 청년들과 시국에 대한 토론을 벌이기도 하고, 일본 유학생들에게 강연하여 큰 감동을 불러일으키기도 했다.

이런 소문은 금세 퍼져 나가 안창호가 한성에 도착한 날부터 그에게 맡겨진 사명은 국민을 대상으로 애국정신을 고취하는 연설이었다. 그러자 곧 안창호는 일본 관헌의 심한 감시를 받았다. 그럼에도 그는 자주

독립을 외치고 다녔다.

"여러분! 나라가 쓰러져 가는 이 마당에 우리가 해야 할 일이 무엇입니까? 그것은 힘을 기르는 일입니다. 힘이 있어야만 이 나라를 바로 세울 수 있습니다. 힘! 힘! 힘입니다!"

안창호가 가는 곳마다 수많은 사람이 몰려들었고, 사람들은 가슴을 활짝 열어젖힌 채 안창호의 연설에 귀를 기울였다. 안창호의 연설은 이처럼 청중을 감동시키기에 충분했다. 그의 새로운 지식과 애국, 우국의 극진한 정성과 웅변은 청중들의 가슴속에 그대로 스며들었다.

안창호는 지식인들의 여론 통일에도 노력하여 양기탁, 전덕기, 이동휘*, 이갑, 김구 등 국내에서 활동하고 있는 계몽 운동의 핵심 인물들과 만나 의견을 나눴다.

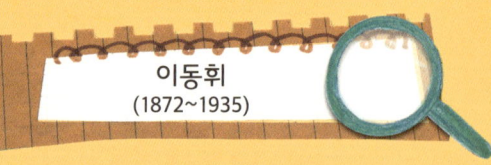

이동휘
(1872~1935)

독립운동가로 호는 성재. 대한제국 육군 참령을 지냈다. 신민회 조직에 참여하였으며, 1920년에 대한민국 임시 정부 국무총리에 취임하였으나, 이 무렵 공산당으로 전향하여 독립 운동 자금을 고려 공산당 조직 기금으로 유용하여 사임했다.

임정 초대 국무총리 이동휘 선생 어록비

그리고 자신이 귀국하기 전에 새롭게 구상한 비밀 결사인 신민회를 조직하는 데 성공했다.

신민회는 안창호가 미국에서 조직한 신고려회와 이름은 다르지만 그 뜻은 똑같은 비밀 단체였다. 신민회의 목적은 첫째 국민에게 민족의식과 독립사상을 고취하고, 둘째 동지와 단합하여 국민 운동의 역량을 축적한다는 것이었다.

셋째는 교육 기관을 설립하여 청소년의 교육을 진흥하고, 넷째는 각종 상공업 기관을 만들어 단체의 재정과 국민의 부력을 증진한다는 것 등이었다.

신민회는 각 도, 각 군에까지 책임자를 두는 전국적인 조직이었다. 하지만 비밀을 보장하기 위해 서로 누가 회원인 줄도 모르게 했다.

신민회는 학교를 세우고, 회사를 설립하고, 출판 사업 등을 벌였지만 세상 사람들에겐 철저히 비밀을 지켰다. 심지어 일본 관헌조차 그 사실을 오랫동안 몰랐다.

역사 속으로

을사늑약

1905년 11월 일본이 대한 제국의 외교권을 빼앗기 위하여 강제로 체결한 조약으로, 일본어로는 제2차 한일 협약, 을사 보호 조약이라고도 한다.

경과

대한 제국을 강탈하기 위해 기회를 엿보던 일본은 1904년 2월 한일 의정서를 강제로 체결하고, 그 이듬해인 1905년 11월 이토 히로부미를 특파 대사로 파견하여 한일 협약안을 조선 정부에 제출했다. 대한 제국 정부에서는 어전회의를 거쳐 일본의 한일 협약안을 거부하는 쪽으로 결론을 내렸다.

다급해진 이토 히로부미는 주한 일본군 사령관 하세가와 요시미치를 대동한 채 대한 제국 정부에 회의를 다시 열 것을 주장하고, 조정 대신들에게 가부간에 결정을 내리라고 강요했다. 그 결과 한규설, 민영기, 이하영은 절대 반대했으나 이완용과 이근택,

이지용, 박제순, 권중현 등은 약간의 수정을 조건으로 찬성했다. 한일 협약안을 수정, 찬성한 이들이 바로 을사오적이다.

이토 히로부미는 찬성을 표시한 이완용, 이근택, 이지용, 박제순, 권중현 등을 따로 모아, 서명하게 함으로써 결국은 강제로 모든 절차를 끝냈다.

조선 통감부 초대 통감인 이토 히로부미

5개 조로 되어 있는 이 조약문은 외교권의 접수, 통감부 설치 등을 규정하고 있는데, 이로써 조선의 대외 교섭권이 박탈되어 외국에 있던 우리나라 외교 기관은 모두 폐쇄되고 말았다.

1906년 2월에는 서울에 통감부가 설치되었고, 초대 통감으로 부임한 이토 히로부미는 본래의 규정인 외교 사무뿐만 아니라 내정 전반에 걸치는 명령·집행권도 행사했다.

　조약의 강제 체결 소식이 전해지자, 장지연은 11월 20일 자 《황성신문》에 '시일야방성대곡'이라는 논설을 발표하여 일본의 침략성을 규탄했다. 뿐만 아니라 을사늑약에 분개한 민영환과 조병세 등은 그분을 참지 못하고 스스로 자결했으며 민종식, 최익현, 신돌석 등은 대규모의 의병을 일으켜 무력 투쟁을 시작했다.

　한편 고종은 네덜란드의 헤이그에서 열린 제2차 만국 평화 회의에 이상설, 이준, 이위종을 특사로 보내 을사늑약의 불법성을 호소하려 했으나 이 또한 일본의 방해로 그 뜻을 이루지 못했다.

결과

　일제는 헤이그 특사 파견의 책임을 물어 고종을 퇴위시키고 우리나라의 외교권을 강탈함은 물론 내정에 더 깊이 관여했다. 그리고 그해 7월에는 정미 7조약을 체결하고 군대 해산령을 내려 대한 제국을 무력화시켰다.

힘의 원동력이 된 3년

 1911년, 이른바 105인 사건으로 일본에 의해 강제로 해산 당할 때까지 약 3년간의 신민회 활동은 비록 나라를 지키는 데는 실패를 하였지만 독립운동을 하는 데에는 커다란 원동력이 되었다.

 정치 비밀 결사인 신민회를 비롯해 청년 훈련 기관인 청년 학우회, 독립투사 양성 기관인 대성 학교, 출판 기관인 태극 서관과 실업 기관인 마산동 도자기 회사가 안창호의 계획대로 착착 설립되었다. 그때 안창호의 나이가 서른세

살. 고국에 와 있던 3년이라는 짧은 기간은 안창호의 일생에서 가장 영광스럽고 보람이 있는 시기였다.

'대성 학교는 각 도에 세워야 한다. 평양의 대성 학교는 그 표본이다.'

안창호는 신민회가 조직된 그 이듬해에 평양에 대성 학교를 세웠지만, 항상 윗자리는 자기가 차지하지 않는다는 확고한 신념을 갖고 있었기 때문에 윤치호를 교장으로 하고, 자신은 대리 교장으로 학생들의 정신 훈육에 힘을 쏟았다.

도산이 구국 활동의 하나로 평양에 설립한 대성 학교 교직원과 학생 일동 (1909)

안창호의 교육 방침은 건전한 인격을 가진 애국심 깊은 국민의 양성에 있었다. 바로 학생만을 교육하는 것이 아니라 교원들도 동지의 의로 굳게 뭉치게 했다.

'죽더라도 거짓이 없어라.'

이것이 안창호가 학생들에게 바라는 최대의 요구였다. 약속을 지키는 것, 집합 시간을 지키는 것이 모두 성실한 공부요, 약속을 어기는 것, 시간을 지키지 않는 것은 거짓의 실천이라고 보았다. 그래서 등교 시간 5분 전에 학생들은 교실에 출석하였고, 강연회 등 모든 모임도 정시에 시작

되었다.

　대성 학교는 민족주의를 고취하고 장래 항일 투쟁의 투사를 양성하는 것이 근본 목적이지만, 애국자의 조건으로서 성실을 근본으로 하는 건전한 인격을 갖추도록 훈련하는 것이 안창호의 민족 운동의 기본 이념이었다.

　"농담으로라도 거짓말을 하지 말라. 꿈에라도 성실을 잃었거든 깨어나서 반드시 뉘우쳐라!"

　안창호는 기회 있을 때마다 학생들에게 이렇게 타일렀다.

　"나라가 없고서 어찌 한 집과 한 몸이 있을 수 있으며, 민족이 천대받는데 어찌 나 혼자만 영광을 누릴 수 있겠느냐!"

　신민회 동지인 이승훈*은 안창호가 평양에서 연설한 이 내용을 듣고, 상투를 자르고 고향에 돌아가 오산 학교를 세

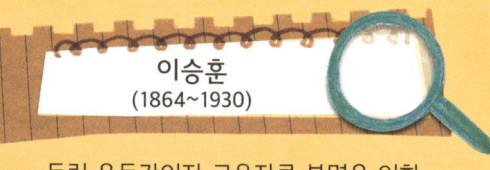

이승훈
(1864~1930)

독립 운동가이자 교육자로 본명은 인환, 호는 남강이다. 1907년에 오산 학교를 설립하여 신학문과 애국 사상을 고취하였고, 3·1 독립선언에 민족 대표 33인의 한 사람으로 참가했다가 투옥되었다. 뒤에 조선 교육 협회 간부와 동아일보 사장을 지냈다.

이승훈의 어록비

우기도 했다.

이 대성 학교는 3년 동안 운영되었지만, 1909년 가을에 해외로 망명을 떠난 안창호는 제1회 졸업식도 보지 못했다. 그렇지만 그 짧은 기간 동안 학생들에게 미친 감화는 말할 수 없이 컸다.

신민회의 실업 운동 가운데 대표적인 것이 바로 마산동 도자기 회사이다. 이덕환, 김남호 등 평양의 재산가가 발기인이 되어 세운 이 도자기 회사는 조선인의 손으로 처음 만든 주식회사이다.

특히 여러 사람의 자본을 합쳐 신용과 협동을 바탕으로 모범적으로 운영해 온 이 도자기 회사를 본받아 많은 회사가 일어났고, 사업에 대한 국민의 눈도 뜨이기 시작했다.

그러나 이 회사도 국권이 피탈된 직후 105인 사건으로 문을 닫았다. 그리하여 민족 자본 형성 운동의 첫 번째 새로운 싹은 빛을 볼 수 없었다.

"책사(서점)도 학교다. 책은 교사다. 책사는 더 무서운 학교요, 책은 더 무서운 교사다."

안창호는 출판 사업을 이렇게 평생 중요시하고, 경성·평양·대구 등 세 군데에 태극 서관을 세웠다. 태극 서관의 총책임자는 안태국이었다.

'우리 민족의 정신문화를 보급하고 향상하려면 출판 사업이 중요하다.'

특히 건전한 서적을 출판하는 한편 영리적 이해타산만 따지지 말고 국가와 민족을 위해 높은 차원에서 출판해야 한다는 것이 안창호의 생각이었다. 그래서 태극 서관이 우리 민족에게 건전하고 필요한 서적을 공급하는 모범 기관이 되기를 안창호는 바랐다.

더욱이 태극 서관은 신민회 동지들의 비밀 연락 장소로도 이용되어 우리 민족에겐 꼭 필요한 기관이었다.

또 안창호가 신민회의 표면 운동의 하나로 온 정성을 쏟은 것이 청년 학우회였다. 1909년, 국권이 피탈되기 바로 전해에 탄생한 청년 학우회는 현대적인 청년 운동의 효시였다.

윤치호를 회장으로, 최남선이 총무를 맡아 운영한 청년

학우회는 정치적 활동에 일절 참여하지 않고, 자기 자신을 새롭게 고쳐 나가는 인격 수양과 민족 문화 향상을 위해 운동만 해 나갔다.

"자, 다 함께 외쳐 봅시다. 우리의 목적은 무실・역행・충의・용감의 4대 정신으로 인격을 수양하고 단체 생활의 훈련에 힘쓰며, 한 가지 이상의 전문 학술이나 기예를 익혀 직업인의 자격을 구비하고, 매일 덕・체・지 3육에 관한 행사를 하며 인격자로서의 수련에 힘쓴다."

청년 학우회의 4대 정신은 뒤에 안창호가 일으킨 흥사단의 정신과 동일하다. 이 청년 학우회의 사업은 신민회나 대성 학교 이상으로 안창호가 소중히 여기며 지도 육성해 온 것이다.

"무실역행은 참되기를 힘쓰고, 행하기를 힘쓰자는 뜻을 가지고 있다."

안창호는 무실역행을 국민 훈련 운동의 기본적 정신이라면서 민족 운동, 항일 운동의 정치적 주장에다 언제든지 이 정신을 내세워 그의 독자적인 이론 체계를 세우고 행동 강령으로 삼았다.

청년 학우회는 창립된 이듬해인 1910년에 해산되었지만, 그 정신은 살아남아 3년 뒤 미국에서 조직된 흥사단의 정신으로 새롭게 일어났다.

"도산 선생이 체포되어 용산 헌병대에 수감됐대."
"뭐어? 안창호 선생이 왜?"
"안중근 의사가 하얼빈에서 이토 히로부미를 쏘아 죽였잖아. 일본 통감부는 그래서 이 사건 뒤에는 도산 선생 같은 지도자들이 관련되어 있다면서 이갑, 이동휘, 이종호 같은 민족 지사들도 전부 잡아들였대."
"정말 큰일이구나, 큰일이야!"
"그래서 남녀 학생들이 밤만 되면 감방 근처에 몰려가서 도산 선생이 들을 수 있게 애국가를 합창하고, 또 도산 선생이 가르친 노래들을 목이 터지라 큰 소리로 부르고 있대."

1909년 10월, 안중근 의사가 하얼빈역에서 이토 히로부미를 암살한 사건이 발생하자, 일본은 군벌의 거물인 데라

우치 마사타케를 조선 통감으로 보내 무단 정책을 쓰기 시작했다. 더욱이 그 당시엔 이미 조선의 사법권과 경찰권이 일본의 손아귀에 들어가 있었고, 심지어는 신문·잡지 등도 그 내용을 미리 검열할 때였다.

한 달 반 동안 안창호는 조사를 받으며 모진 고문을 당했는데 그가 이토 히로부미를 죽이는 데 가담했다는 아무런 증거도 나오지 않았다. 다른 지도자들도 마찬가지였다. 그러자 일본 헌병대의 입장이 난처해졌다.

이때 이갑의 문하생이 되기를 원했던 최석하가 나서서 안창호와 여러 동지를 구출하려고 통감부와 교섭을 했다. 그 결과, 일본 통감부는 안창호를 비롯한 여러 동지를 두 달 만에 석방했다. 그러나 통감부는 석방을 하면서 안창호 내각을 조직하여야 한다는 엉뚱한 조건을 내걸었다.

그것은 조선에서 청년 내각을 조직하여 정치를 혁신하면 합병이라는 국제적 모험을 하지 않아도 우리나라를 일본의 세력 아래 둘 수 있다는 생각에서였다.

　더욱이 하얼빈역에서 쓰러진 이토 히로부미도 안창호를 민족 지도자로 내세워 함께 일을 해 보려는 생각을 내비쳤던 적이 있었기 때문이다.

　"당신이 조선 민족의 지도자가 될 수 있는 좋은 기회요."

　'흠! 어림없는 소리. 교활한 놈들, 나를 꼭두각시로 내세워 우리나라를 주무르겠다는 속셈을 내가 모를 줄 아느냐.'

　"아무튼 난 당신들의 조건을 수락할 수 없소!"

　결국 일본은 그의 굳은 의지를 꺾지 못하고 자신들의 뜻을 완전히 단념하게 되었다.

　안창호는 분한 마음을 참으며 오직 남은 길은 힘을 기르는 것뿐이라고 생각하였다.

　"우리가 망국의 비극을 당하는 것은 힘이 없는 까닭입니다. 힘이 없어서 잃은 것은 힘을 키울 때만이 다시 찾을 수 있습니다."

　안창호의 눈물 섞인 열변에 모두 울음을 삼켰다.

간다 간다 나는 간다
너를 두고 나는 간다
잠시 뜻을 얻었노라
까불대는 이 시운이
나의 등을 내밀어서
너를 떠나가게 하니
이로부터 여러 해를
너를 보지 못할지나
그동안 나는 오직
너를 위해 일할지니
나 간다고 설워 마라
나의 사랑 한반도야.

이미 국내에서는 더 이상 활동할 수 없다고 생각한 안창호는 몇몇 동지들과 함께 중국으로 망명의 길을 떠났다. 이 노래는 안창호가 중국으로 떠나면서 부른 유명한 '거국가(나라를 떠나는 노래)'의 1절이다.

안창호가 중국에 도착하여 첫 번째로 벌이고자 한 사업은 만주와 러시아의 접경지대에 농장을 개간해 사관 학교를 세워 독립군을 양성하는 것이었다. 그러나 이 계획은 자금을 대기로 한 이종호가 돈을 내지 않아 수포가 되고 말았다.

그 후 얼마 안 되어 나라를 일본에 넘겨준다는 조서가 발표되자 국민의 비분과 통곡의 소리가 전국을 뒤덮었다.

"망했어! 우린 이제 망했어! 앞으로 우리는 어떻게 하면 좋단 말입니까?"

1910년 8월 29일, 국권이 피탈되었다는 소식을 중국에서 들은 안창호는 가슴속에서 피눈물이 넘쳐 흘렀다.

나라를 구해 보려 했던 자기 뜻을 이루지 못하게 되었기 때문이다. 이러한 가운데 뜻을 같이했던 교민들끼리의 파벌 싸움도 심해져 안창호는 다시 미국행을 결심했다.

비록 시일이 오래 걸리더라도, 내가 이번에 미국으로 돌아가면 우리 민족의 영원한 번영을 위해 민족성 개조 운동부터 해야겠소. 지금의 이 민족성을 가지고는 도저히 안 되겠소. 그래서 우리 민족성의 나쁜 점부터 고쳐 나갈 수 있는 정신 수양 단체를 만들어 그 이름을 흥사단이라고 할까 하는데 괜찮겠소?"

뜻하지 않은 이종호의 배신에 낙담하고 있던 안창호는 이강에게 자신이 구상한 새로운 작업을 내비쳤다.

"이강 선생의 생각을 듣고 싶소."

"뜻과 이름은 좋지만. 예전에 유길준이 하던 단체의 이름인네 괜찮을까요?"

"그 단체는 이미 없어졌는데 무슨 상관있겠습니까. 그리고 이건 여비로 쓰다 남은 돈인데 동지들의 활동 비용으로 써 주시오."

"예? 아닙니다. 선생이나 여비로 쓰십시오."

"그 돈은 배신자 이종호에게서 나온 돈이라 별로 달갑지 않습니다. 그리고 미국 갈 여비 정도는 있습니다."

안창호는 이렇듯 농장을 개간해 독립운동의 기지로 만들려던 계획을 이종호가 배신했다는 데 무척 가슴 아파했다.

안창호는 미국에서 보내온 여비로 다시 미국으로 들어가

제2의 미국 생활을 하면서 재미 교포의 조직 훈련과 권익 옹호, 실력 향상에 자신의 온 힘을 다 바쳤다.

안창호가 미국으로 돌아오기 직전인 1910년 5월 미국에는 통합 교민 단체로 대한인 국민회가 만들어져 있었다. 이것은 공립 협회를 비롯한 미국 본토와 하와이의 여러 한인 단체가 합쳐진 조직이었다.

처음에는 북미 지방 총회와 하와이 지방 총회만 있었으나, 계속해서 시베리아 지방 총회와 만주 지방 총회도 만들어졌다.

그 후, 1912년 11월에 안창호의 주관으로 4개 지방 총회 대표자가 모여 대한인 국민회 중앙 총회를 정식으로 조직하게 되었는데, 이에 따라 해외에 있는 교포들이 한 깃발 아래 총단결하는 체제가 이루어졌다.

초대 중앙회장으로 추대된 안창호는 중국에서 계획했던 독립운동의 기반을 다질 수 있는 첫걸음을 다시 내딛게 되었다. 그렇지만 미국으로 다시 돌아온 안창호는 처음엔 품팔이 노동부터 시작했다.

흥사단은 1937년 동우회 사건으로 해산되었다가 1940년 부활하여, 오늘에 이른다. 동숭동 대학로에 흥사단 본부 건물이있다. 흥사단 제4주년 기념대회 사진 (1916년)

"교민들의 지도 사업에 나서야지, 이러고 계시면 됩니까? 집안의 생활비는 저희가 맡겠습니다."

안창호가 노동하는 것을 본 동지들은 가만있지 않았다. 서로 발 벗고 나서서, 안창호가 마음놓고 교민들을 위한 활동을 할 수 있도록 뒷받침을 다해 주었다.

중앙회장이 된 안창호는 대한인 국민회의 운용 방침을 교민들의 권익 옹호와 생활 개선에 두었다.

"조선인의 상점에서는 안심하고 물건을 살 수 있다. 조선인의 노동자에게는 믿고 일을 맡길 수 있다. 조선인의 약속은 믿을 수 있다."

안창호는 이렇게 신용을 얻으면 돈도 벌 수 있고, 민족 전체의 위신을 높이게 된다고 강조했다.

어느 날 안창호가 중앙 총회의 일로 지방을 순회하는 길에 여행 경비가 모자란 적이 있었다. 그러자 국민회 간부가 어디서 목사 신분증을 구해 왔다.

"이번 여행에 경비가 모자라는 것 같아 조선인 목사의 신분증을 빌려 왔습니다. 이것을 가지고 목사처럼 하면 기차표 값을 할인받을 수 있다고 합니다."

국민회 간부의 말을 듣고 한참을 생각하던 안창호는 이렇게 말했다.

"내가 이것을 사용하다가 들키면 나의 신용도 떨어지고, 또 그 목사의 신용도 떨어지게 되니 그렇게 할 수는 없는 일이오. 경비가 모자라면 다시 들어가 며칠 동안 있으면서 돈을 더 장만해서 떠납시다."

이러한 자세가 국민회의 위상을 높였으며 미국인에게도 인정받는 계기가 되었고 회원들의 신용은 날로 높아갔다.

"오, 조선인들의 국민회는 매우 신용도가 높습니다."

"정말 믿을 만한 사람들이오."

또한 러시아 정부도 미국의 조선인 국민회를 교섭 단체로 인정하게 되었다.

이제 국민회가 교포들의 대표 기관이 됨으로써 조선인 간에 범죄 사고가 생겨도 국민회의 의견을 들었다. 그리고 국민회가 보증하면 돈이 부족한 유학생도 입국할 수가 있었고, 조선인 특수 여행권이면 국경도 통과할 수 있게 되었다.

또 우리 교민들은 일본 영사관의 영향도 받지 않았다.

대한인 국민회 중앙 총회의 지위를 올려놓은 안창호는 청년 인재 양성 운동을 벌이기 위해 1911년 9월 흥사단의 새 깃발을 높이 치켜들었다.

이 흥사단은 안창호가 귀국했을 때 국내에서 조직했던 청년 학우회의 취지를 계승한 것으로 민족 운동의 간부를 양성하려는 목적에서 만든 청소년 훈련 단체였다. 미국에 본부를 두었고, 3·1 운동 후에는 중국과 국내에도 회원을

확보해 지부를 설치했다.

안창호는 먼저 흥사단 약법을 송종익에게 보여 주었고, 송종익은 흥사단의 첫 동지가 되었다. 송종익은 안창호가 다시 미국으로 떠날 때 가장 신임하고 친분 있는 동지였다. 그는 국민회와 흥사단뿐만 아니라 안창호의 가정 생활까지도 보살펴 주었다.

안창호는 흥사단의 창립 발기인도 지방 색채와 지방 관념의 파벌을 없애기 위해 조선 8도의 대표가 될 청년들을 뽑았다.

경기도의 홍언, 강원도의 염만석, 충청도의 조병옥, 황해도의 민찬호, 경상도의 송종익, 평안도의 강영소, 함경도의 김종림, 전라도의 정원도가 그 발기인인데, 무슨 일이든 나서기를 싫어하던 안창호는 이 흥사단 발기인에도 들어 있지 않았다.

해방 후에 국무 위원과 국회의원을 지냈고, 대통령 후보로 지명되기까지 했던 충청도 대표인 조병옥은 흥사단 발기인이 된 동기를 이렇게 말했다.

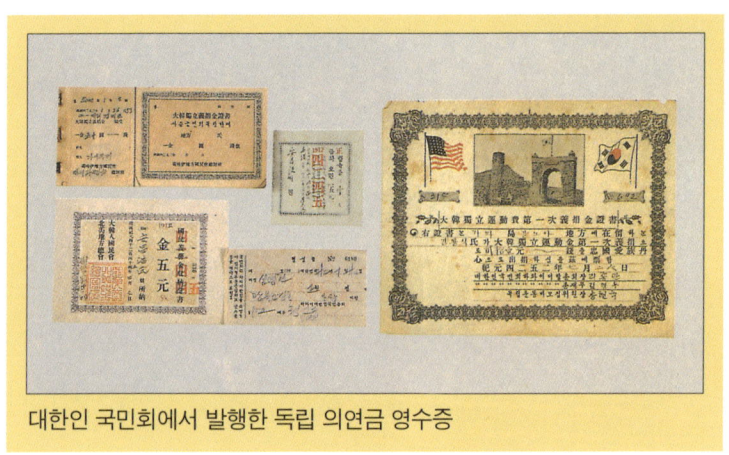
대한인 국민회에서 발행한 독립 의연금 영수증

"미국 유학의 길을 떠나 하와이와 미주에서 여러 지도자를 만나 보고 토론하는 중에 도산만이 독립운동의 구체적 방향을 가졌기에 흥사단 발기인이 되었다."

'흥사단의 목적은 무실역행으로 생명을 삼는 충의 남녀를 단합하여 정의를 돈수하고 덕·체·지 3육을 동맹 수련하여 건전한 인격을 작성하고 신성한 단결을 조성하여 우리 민족 전도 대업의 기초를 준비하는 데 있다.'

안창호가 작성한 이 흥사단의 창립 목적에서 보듯이 민족성을 개조하는 것이 민족 부흥의 기본 사업이라는 그의 사상이 잘 나타나 있다.

그래서 안창호는 거짓이 없는 사람, 조화성 있는 청년들을 우선 흥사단원으로 뽑았다. 사회의 명성, 학식 같은 것은 둘째로 삼았다. '진실한 사람'이 첫째 조건이었다. 흥사단에 들어오고 싶은 사람은 안창호가 직접 하는 엄격한 입단 문답식을 거쳐야만 했다.

특히 안창호의 문답술은 대단히 발달한 것이어서 한 번 문답을 받은 사람은 평생에 처음으로 자기를 발견한 것 같은 느낌이 들게 되었다고 한다.

이처럼 흥사단 운동은 안창호의 총체적 민족 운동 구상 속에서 가장 기초를 이루고 있었다. 흥사단 운동은 또한 장차 독립운동과 건국 사업에 헌신할 지도자를 양성하기 위한 하나의 방안이었다. 이때 안창호가 민족 운동의 지도자에게 가장 중요하게 기대했던 것은 건전한 인격과 그에 바탕을 둔 단결 능력이었다.

대한민국 임시 정부의 수립과 활동

1919년 우리나라가 자주독립국임과 우리 민족이 자유민임을 외치는 겨레의 함성이 전국 방방곡곡에 메아리쳤던 3·1 운동이 곧바로 독립으로 이어지지는 못하였으나, 우리 민족은 독립에 대한 희망과 의지를 가지게 되었다. 그리하여 보다 조직적으로 독립운동을 추진하기 위해 정부를 수립하려는 움직임이 국내외에서 일어났다.

이미 3·1 운동이 일어나기 전에 연해주에 대한 광복군 정부가 조직되어 활동하기도 하였으나, 정부 수립 운동이 본격화된 것은 3·1 운동을 통해서였다. 만세 시위가 전개되는 중에 서울에 13도의 대표가 모여, 앞으로 독립운동을 체계적이고 조직적으로 전개해 갈 정부의 수립을 선포하였다. 이것이 한성 정부였다. 한성 정부를 비롯하여, 중국의 상하이에서는 대한민국 임시 정부가 조직되었고, 미국 등지에서도 임시 정부의 수립을 추진하였다. 연해주에서도 대한 국민 의회라는 의회 중심의 임시 정부가 조직되었다.

이와 같이 여러 임시 정부가 각지에서 수립되자, 민족 운동가들은 전 국민을 대표할 수 있는 통합된 정부만이 강력한 독립운동을 전개할 수 있다고 생각하였다. 그리하여 국내외에 수립된 여러 임시 정부를 상하이의 대한민국 임시 정부로 통합하였다. 당시 상하이는 일제의 영향력이 미치지 않았으며, 세계 여러 나라와의 외교 활동이 편리한 곳이어서, 많은 민족 지도자들이 모여 독립 투쟁을 도모하기에 적합한 지역이었다.

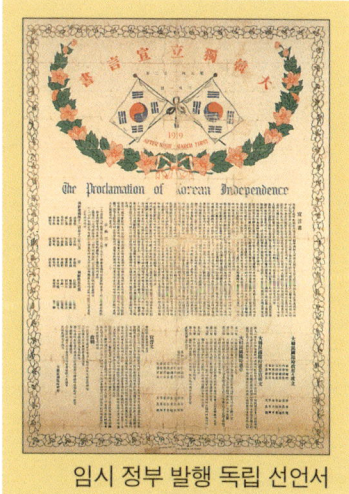

임시 정부 발행 독립 선언서

　대한민국 임시 정부는 자유 민주주의와 공화정을 기본으로 한 국가 체제를 갖추고, 대통령제를 채택하여 이승만을 초대 대통령으로 선출하였다. 그 후 대한민국 임시 정부는 몇 차례에 걸쳐 헌법을 개정하면서 변천하였으며, 김구가 주석이 되어 광복될 때까지 임시 정부를 이끌었다.

　대한민국 임시 정부는 김규식을 파리 강화 회의에 민족 대표로 파견하여 한국의 독립을 주장하고, 미국에 구미 위원부를 설치하여 미국 정부와 국민에게 한국의 독립을 호소하였다. 그러나 무엇보다도, 임시 정부는 국내외에서 전개되는 독립운동을 하나로 묶어 체계적이고 조직적인 독립운동을 전개하고자 노력하였다.

　대한민국 임시 정부는 국내외 업무를 연락하는 비밀 행정 조직인 연통제를 실시하여 국내 각 지역의 독립운동을 지도하고, 독립운동 자금을 마련하였다. 그리고 독립신문을 간행하여 국내외 교민들에게 독립운동 소식을 알려 독립 정신을 일깨우고, 여러 독립운동 단체에 독립운동의 방향을 제시하였다.

　대한민국 임시 정부는 한민족의 독립 의지를 모아 민주주의 원칙에 따라 수립된 정부였다. 민족 지도자들 사이의 사상적 갈등과 독립운동 방법에 대한 의견 차이로 여러 가지 어려움을 겪기도 하였으나, 조국이 광복되는 날까지 독립을 위한 활동을 계속하였다.

대한민국 임시 정부

　1918년 1월, 미국의 윌슨 대통령이 민족 자결 원칙을 부르짖고 나서자, 세계 식민지 민족들은 독립을 찾기 위해 모두 일어나기 시작했다.

　1918년은 약소민족들에게 세계 정세 변화에 대한 기대감이 높아 가던 해였다. 3년 동안이나 계속되었던 제1차 세계 대전이 끝났으며, 파리에서는 만국 평화 회의가 열렸다.

　이에 우리 교민들 사이에서는 독립운동에 대한 열기가

뜨겁게 달아올랐다.

"파리에서 개최되는 만국 평화 회의에 이승만, 정한경, 민찬호 이 세 사람을 우리의 대표단으로 파견합시다."

대한인 국민회 중앙 총회에서도 곧바로 대표단을 선출했다. 그러나 워싱턴으로 간 대표단은 파리로 가는 미국 정부의 출국 허가를 받지 못했다. 그것은 파리 평화 회의에 참석하는 5개 나라 중의 하나가 일본이기 때문에 외교 관계상 문제가 있다는 것이었다.

그러나 그 당시 상하이에 가 있던 신한 청년단의 김규식이 우리의 대표로 평화 회의에 참석해 민족의 독립을 외쳤다.

이때 '독립운동을 일으킬까?', '대동단결을 주선해 볼까?' 하는 두 가지 과제를 놓고 깊은 생각을 하던 안창호는 아직은 실력 배양에 노력할 때라고 강조했다.

그렇지만 그 이듬해인 1919년 3월 1일, 우리나라가 자주 독립국임과 우리 민족이 자유민임을 외치는 겨레의 함성이 전국 방방곡곡에 메아리쳤다. 바로 3·1 독립운동이다.

"오늘은 전체 민족이 일어나서 생명을 바치는 때이니 아무것도 주저할 것 없이 대한 민족 되는 자 일제히 일어나서 가진바 생명과 재산을 모두 바치고, 용감하게 나아가 대한 독립 만세를 목청껏 외치자!"

"지금 조국에서는 일제의 무자비한 총칼에도 불구하고 맨손으로 독립 만세를 부르고 있습니다. 우리도 그 정신을 이어받아 총궐기합시다."

그리고 안창호는 국민회의 대표 자격으로 중국 상하이로 달려갔다.

안창호의 나이 마흔두 살 때였다.

1919년 5월, 상하이에는 이미 임시 정부가 조직되어 있었고, 안창호는 내무 총장에 선임되어 있었다.

"반갑습니다."

"어서 오시오. 안창호 선생! 아니, 내무 총장님."

"내무 총장님이라니 분에 넘치는 직분이군요."

임시 정부는 국무총리에 이승만을 비롯해 김규식*, 최재형, 남형우, 이동휘, 문창범 등을 각 부 총장으로 선출해 놓고 있었다.

상하이에 도착한 안창호는 적십자 병원에 입원했다. 물론 여행의 피로를 풀기 위하여 휴식이 필요하기도 했지만, 안창호는 각 지방 지도자를 어떻게 하면 하나로 뭉치게 할 수 있을까 하는 생각을 하기 위해서였다.

그런데, 이에 앞서 임시 정부는 안창호와 이승만에게 상하이로 급히 오라는 전보를 동시에 보냈지만, 국무총리로 선출된 이승만은 미국 하와이에서 활동하고 있었기 때문에 그때까지도 올 수 없었다.

김규식
(1881~1950)

항일 독립 운동가이자 정치가이다. 미국인 선교사인 H.G.언더우드의 집에서 서양 교육과 크리스트교 교육을 받고 미국에서 유학하였다. 1919년 임시 정부의 외무 총장 자격으로 파리 평화 회의에 참석하였다. 임시 정부 국무위원과 부주석에 올랐다.

해방 후 미 군정의 신임을 받던 김규식이 연설하고 있는 모습

그러니 임시 정부는 주인 없는 정부나 마찬가지였다.

"나는 그저 평범한 임시 정부의 성실한 요원으로 있고 싶소. 어느 누가 총장이 되든 그분을 섬기며 우리의 목적을 위해 힘쓰고 싶소."

안창호는 내무 총장을 극구 사양했다. 그러자 상하이에 있는 청년들이 매일 병원으로 찾아와 내무 총장으로 취임해달라고 요청했다.

그때만 해도 상하이에는 신규식, 신채호, 정인보, 선우혁, 장덕수, 이광수 등 많은 애국 지사들이 활동하고 있었으며, 많은 청년이 망명하여 프랑스 조계 지역을 중심으로 독립운동을 벌이고 있었다.

"선생님, 잘 생각해 보십시오. 선생님이 생각하시는 대로 교민들의 실력을 향상하는 일도 임시 정부의 이름으로 하는 것이 더 낫지 않습니까?"

결국 안창호는 내무 총장 겸 국무총리 대리로 취임을 했다.

내무 총장으로 취임한 안창호는 제일 먼저 독립운동의 계획 작성과 통신과 연락망인 연통제에 온 힘을 쏟아 이름뿐인 임시 정부의 제 모습을 갖추는 데 노력했다.

미국에 있는 대한인 국민회에서 가져온 2만 5천 달러의 자금으로 임시 정부의 사무실도 마련했다.

특히 아침마다 조회하며 국기에 대한 경례를 하고 애국가를 불렀다. 이때 애국가의 가사 중 '……임군을 섬기며……'라는 구절을 '……충성을 다하여……'라고 안창호가 바꿔 부르게 한 것이 지금까지 내려오고 있다.

안창호는 또한 각 지방에 있는 지도자들을 상하이로 모으는 일에 힘쓰고, 《독립신문》도 발행했다.

안창호가 이때 가장 중요하게 생각했던 것은 임시 정부를 권위 있는 전 민족의 최고 지도 기관으로 만들어 장기적인 독립운동에 대비하는 것이었다.

"장기적인 독립운동을 위해서 상하이 임시 정부와 연해

도산과 대한민국 임시 정부 국무원(1919)

주, 한성 정부가 통합해야 합니다."

"우리는 당신 뜻에 따르겠소."

"우리도 동의하겠소."

안창호의 헌신적인 노력 끝에 3개월 만에 통합 임시 정부가 독립운동의 최고 지도 기관으로 새로운 모습을 갖추는 데 성공했다.

이때 새로 조직된 임시 정부의 내각은 대통령에 이승만, 국무총리에 이동휘, 내무 총장에 이동녕 등이며, 안창호는 노동국 총판 자리를 자임하였다.

"아니, 도산 선생이 국무총리에 앉아야지요. 각 부처의 총장보다 낮은 자리를 택하다니….”

"원, 별말씀을…. 나는 노동자였으니 그 자리가 적당하오.”

이런 가운데 이승만과 이동휘의 갈등과 대립이 더욱 심해지자, 안창호는 이들을 화합시키기 위해 적극적인 중재에 나섰다. 그러나 임시 정부의 고위 지도자들은 서로간의 마찰로 다시 만주로 미국으로 흩어졌다.

이러한 위기를 극복하기 위해 끊임없이 노력해 온 안창호는 1924년 말 재충전의 기회를 얻기 위해 5년 동안 활동한 상하이 생활을 정리하고 아쉬운 발걸음을 미국으로 돌렸다.

안창호는 미국으로 돌아와서도 국민회와 흥사단을 위해 쉴 새 없이 노력했다. 그때만 해도 미국엔 벌써 공산주의 사상이 움텄고, 우리 민족간에도 파벌이 조성되어 가고 있었다.

"우리는 사랑하기에 공부합시다. 무실하기에 공부, 역행하기에 공부하는 양으로 사랑하기에 공부합시다.”

늘 새로운 동지들에게 이렇게 강조한 안창호는 '훈훈한

마음, 빙그레 웃는 낯'을 새 민족의 모습으로 그려 왔다.

안창호는 이러한 마음가짐으로 1년여 동안 미국의 여러 곳을 방문하면서 흐트러진 대한인 국민회와 흥사단을 수습하고 나서 다시 상하이로 떠났다.

이때가 안창호의 나이 마흔아홉 살이었다.

부인과 4남매를 두고 상하이로 떠나는 안창호는 이것이 가족과의 영원한 이별의 길이 될 줄은 몰랐다.

"내가 지금까지 아내에게 치마 한 감, 저고리 한 감 사 준 일이 없었고, 필립(큰아들)에게도 공책 한 권, 연필 한 자루 못 사 주었구나. 이것은 나랏일을 하는 여러 가지 사정 때문이지만 여간 죄스럽지 않구나."

이런 말을 하면서 다시 중국으로 떠난 안창호는 청년 지도와 교육 사업에 힘썼다.

그러다가 1931년 9월, 일본이 만주를 침략하자 오랫동안 기다려 왔던 기회라고 판단한 안창호는 본격적인 항일 투쟁을 준비하기 시작했다.

그런데 그 이듬해인 1932년 4월 29일, 상하이의 훙커우

공원에서 열릴 예정이었던 일본 황제의 생일 축하 식장에서 윤봉길 의사가 폭탄을 던져 일본군 대장이 죽고 많은 사람이 부상을 당하는 사건이 발생했다.

이 사건이 터지자, 일본군은 상하이에 있는 우리 애국지사들을 마구 잡아들였고, 그러한 사실을 접한 애국지사들은 일단 몸을 피해 상하이를 탈출하기로 했다.

그때 안창호는 그런 위험한 순간에도 이만영이라고 하는 어린이의 생일 선물을 갖다주려고 했다.

그러자 젊은 동지들이 밖으로 나가면 안 된다고 적극 말렸지만 안창호는 어린이와의 약속은 꼭 지켜야 한다면서 생일 선물을 갖다주고 오는 길에 일본 경찰에 체포되고 말았다.

"안창호! 너를 윤봉길 폭탄 사건 관련자로 체포한다."

조사 결과 혐의가 없다는 게 밝혀졌지만, 일본군은 안창호를 석방하지 않고 인천으로 압송하였다.

안창호를 태운 배가 인천에 도착했다. 배가 인천항에 도착하자 소문을 들은 동지들과 구경꾼들이 몰려들었다.

"안창호 선생이 체포되었다지?"

"아니, 저기 끌려오는 분이 안창호 선생 아냐?"

"민족의 지도자인 도산 선생을 잡아가다니!"

이렇게 잡혀간 안창호는 치안 유지법 위반이라는 죄목으로 징역 4년의 실형을 받고, 서대문 형무소에서 대전 형무소로 이감되어 감옥 생활을 시작했다.

서대문 형무소에 있을 때였다. 동지들 중에는 형무소 근처로 이사하여 끼니 때마다 안창호의 밥을 지어 들여보내는 이도 있었다.

안창호가 수감되기 전, 심문을 받을 때의 일이다.

"앞으로도 독립운동을 계속할 작정이냐?"

"나는 밥을 먹어도 잠을 자도 민족을 위해 먹고 잤으니, 앞으로도 민족을 위해 일하고자 함은 변함이 없노라."

애국 독립 투사들의 고난의 상징인 서대문 형무소의 담벽 일부

 검사의 물음에 안창호는 자신의 굳은 의지를 그대로 밝혔다. 약 30개월의 징역 생활을 하면서 몸이 쇠약해질 대로 쇠약해진 안창호는 가석방되어 경성에 있는 한 여관에서 묵었다.
 이것은 안창호를 찾아오는 사람들이 자유롭게 행동할 수 있도록 하기 위한 것인데 예상대로 많은 사람들이 찾아왔다. 어떤 때는 하루에 2백 명이나 되는 사람이 찾아왔다. 그래도 안창호는 불편한 몸이지만 언제나 정중하게 맞았다.
 그러자 이번엔 일본 경찰이 안창호가 많은 사람을 만나

는 것을 꺼려 경성을 떠나라고 했다.

그 말을 들은 안창호는 동지들의 신변을 생각해서 고향 쪽인 평양 근처의 송태라는 곳에 조그만 산장을 짓고 숨어 살다시피 했다. 그러나 그곳도 사람이 몰려들기는 마찬가지였다.

안창호가 살고 있다는 것을 안 많은 사람이 등산객이나 나무꾼으로 변장하여 일본 경찰 몰래 찾아왔다.

이에 화가 난 일본 경찰은 엉뚱한 규칙을 만들었다.

"사람들과 식사할 때는 네다섯 명 정도로 제한하시오."

안창호는 할 수 없이 하루 세 끼의 식사를 여러 가정으로 돌아가며 할 때도 있었다. 어떤 때는 50여 명의 동지들을 몇 군데로 나누어 식사하는 우스운 일도 벌어졌다.

그러자 일본 경찰은 이번엔 아예 미국으로 떠나라고 했다.

"이 산속에서 아무 말도 않고 가만있어도 민심을 어지럽히니 국내에 있지 말고 미국으로 떠나시오."

안창호는 일본 경찰의 말을 한마디로 거절했다.

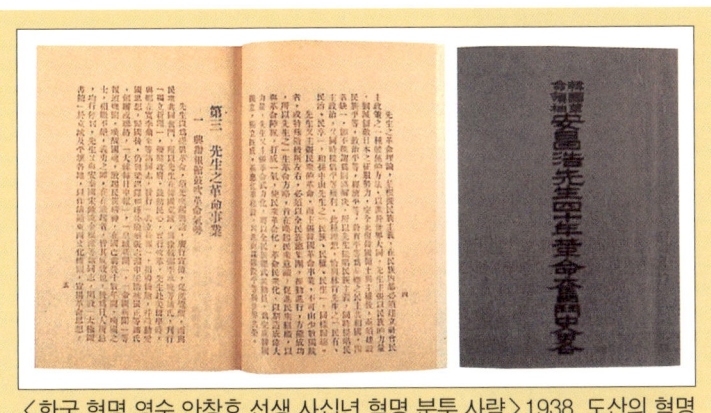

〈한국 혁명 영수 안창호 선생 사십년 혁명 분투 사략〉 1938. 도산의 혁명 이론인 민족평등·정치평등·경제평등·교육평등에 대하여 설명하고 있다.

"만일 나의 존재가 민심을 어지럽힌다면 평양에 있거나 미국에 있거나 마찬가지다. 아마 감옥에 넣어 죽인다 해도 똑같을 것이다. 2천만 대한인이 다 나와 같을 텐데 나를 송태에서 내쫓는 것이 오히려 불명예가 될 뿐이지 무슨 효과가 있겠나. 미국 가는 여행권까지 주선해 준다는 뜻은 고마우나 난 아직 송태를 떠날 생각은 없다."

일본 경찰은 결국 다시 안창호를 잡아 가두었다. 그때 일본은 민족 말살 정책을 쓰면서 우리말과 글을 사용하지 못하게 하고, 민간 신문 등도 폐간시켜 버렸다. 이렇게 우리 민족을 탄압하던 일본은 수양 동우회 사건이라는 구실을 붙여 경성과 지방에 있는 동우회 회원들을 잡아들였다.

수양 동우회는 안창호가 중국에 있을 때 이광수를 시켜 국내에 조직하도록 한 청년 운동 단체였다.

안창호가 다시 경성으로 잡혀 오자 일본 검사가 심문했다.

"조선의 독립이 가능하다고 생각하는가?"

"물론이다."

"무엇으로 그것을 믿는가?"

"온 민족이 한마음 한뜻이니 독립은 꼭 올 것이다. 또한 세계의 공의가 대한의 독립을 지지하니 독립이 될 것이요, 하늘이 대한의 독립을 명하니 반드시 독립될 것이다."

"일본의 실력을 모르는가?"

안창호는 자기 뜻을 밝혔다.

"나는 잘 안다. 지금 일본은 아시아에서 가장 강한 무력을 가진 나라다. 나는 일본이 무력만큼의 도덕심을 겸비하기를 동양인의 명예를 위해서 원한다. 나는 진정으로 일본이 망하기를 원치 않고 좋은 나라가 되기를 원한다. 이웃인 대한을 유린하는 것은 결코 일본의 이익이 아니 될 것이다. 원한 품은 2천만을 억지로 국민 중에 포함하는 것보다 우정 있는 2천만을 이웃 국민으로 두는 것이 일본의 득일 것이다. 대한의 독립을 주장하는 것은 동양의 평화와 일본의 복리까지도 위하는 것이다."

제대로 몸도 가눌 수 없을 정도로 쇠약해진 안창호였지만 또렷또렷한 그의 말에 심문하던 검사는 도리어 말문이 막혔다.

검사에게 심문받고 난 뒤 한 달이 지나서 안창호는 간장병과 만성 기관지염, 위하수증 등이 더욱 악화해 병보석으로 풀려나와 경성 제국 대학 병원(지금의 서울대 병원)에 입원했다.

그때도 입원 비용을 미국 동지들이 송금해 주었다. 안창호가 빨리 완쾌되기를 비는 많은 사람들도 일본 경찰의 눈을 피해 몰래 금품을 놓고 갔다.

그래도 안창호의 병세는 더욱 나빠져만 갔다.

"무츠히토*야, 무츠히토야 네가 큰 죄를 지었구나!"

안창호는 운명하기 전, 무의식 상태에서 이렇게 여러 번 큰 소리로 외치고는 조용히 눈을 감았다. 1938년 3월 10일, 이때 안창호의 나이 예순 살이었다. 안창호는 위문객도 마음대로 드나들지 못하는 병실에서 자기가 그렇게 사랑하던 한반도를 말없이 떠난 것이다.

안창호가 운명하기 전에 외쳤던 무츠히토는 우리나라를 빼앗은 일본 메이지 일왕의 이름이다.

일본 경찰은 안창호의 장례식 참석자도 20명 이내로 제

무츠히토

무츠히토는 봉건 정치에 종지부를 찍고, 일왕의 절대화를 주장하고 중앙 집권 체제의 기초를 구축했다. 1889년 광범위한 일왕 대권을 내세워 일본 제국 헌법을 세웠으며 1890년에는 메이지 유신이라는 정치 개혁을 추진, 일본 제국주의가 성립되었다

메이지 일왕 부부의 위패가 있는 메이지 신궁

한했고, 망우리의 묘소를 찾는 사람도 경찰이 일일이 조사를 하여 누구나 마음놓고 찾아오지 못하게 했다.

　동해물과 푸르른채 어이두고 가셨나요
　백두산은 솟았는데 어이아니 계신가요
　가을하늘 공활한데 임의 생각 간절하고
　일편단심 나라사랑 귀에쟁쟁 하옵니다.
　남산우에 저송백도 임을그려 눈물지리
　밝고맑은 저달빛도 임무덤에 비치오리

그 후, 겨레와 민족을 위해 목숨을 바친 안창호를 추모하는 '추도의 노래'가 1953년 3월 10일, 16주기 추도식에서 처음으로 불렸다. 이 가사는 추도의 노래 1절이다.

1962년 3월 1일, 대한민국 정부는 3·1절 기념식에서 민족의 지도자인 안창호에게 건국 공로 훈장을 추서하고, 그의 높은 뜻을 기렸다.

안창호의 생애

교육자요 독립운동가인 도산 안창호 선생은 명연설가로서도 유명하다.

1900년 미국으로 건너간 안창호는 교포들의 생활 향상과 인재 양성에 힘썼으며, 1913년 흥사단을 결성해 민족의식 개혁에 앞장섰다.

뿐만 아니라 대한민국 임시 정부에서 내무 총장을 역임하는 등 국내외를 막론한 그의 활약은 독립운동의 큰 버팀목이 되었다.

안창호
(安昌浩 1878~1938)

1878년
평안 남도 강서군 도롱섬에서 안흥국의 셋째 아들로 태어났다.

1894년
동학 농민 운동과 청일 전쟁을 보고 들으며 신학문을 배울 것을 결심했다.

1895년
구세 학당에 들어가 기독교 신자가 되었으며 신학문을 배우게 되었다.

1897년
독립 협회에 가입하여 평양 쾌재정 연설을 했으며, 1898년에는 이상재, 윤치호, 이승만 등과 만민 공동회를 개최하였다. 그 후 1899년에는 점진 학교를 설립하여 교육과 인재 양성에 힘썼다.

1900년
미국에 건너가 초등학교 과정부터 공부하고 이듬해 교포의 권익 보호와 생활 향상을 위해 한인 친목 단체를 만들었다. 한인 친목 단체를 발전시킨 '공립 협회'를 결성했으며, 기관지인《공립신보》를 발행했다.

1906년
을사늑약 체결 소식을 듣고 귀국하여 구국 운동을 전개하였으며, 1907년 이갑, 양기탁, 신채호 등과 비밀 결사 단체인 '신민회'를 조직했다.

1908년
평양에 대성 학교를 세웠으며, 국가와 민족을 위해 출판 사업을 이끌어갈 태극 서관도 건립했다.

1909년
신민회의 표면 운동의 하나로 청년 학우회를 세워 인격 수양과 민족 문화 향상을 위한 교육에 힘썼다.

1910년
안중근이 거행한 이토 히로부미 암살 사건에 관련되었다는 혐의로 체포되어 고문을 받고 풀려났다. 그 뒤 중국을 거쳐 미국으로 망명한 안창호는 1912년 대한인 국민회 중앙 총회를 조직했으며, 이듬해에는 흥사단을 조직했다.

1919년
3·1 운동 직후 상하이에 가서 대한민국 임시 정부 수립에 참여, 내무 총장으로 일했으며 서재필 등과 《독립신문》을 창간하였다.

1924년
미국으로 다시 건너가 국민회와 흥사단 조직을 강화하였으며, 1926

년에는 상하이로 건너가 흩어진 임시 정부 통합을 위해 힘썼다.

1932년
윤봉길 의사 의거 직후 일본 경찰에 체포되어 2년 6개월간 복역하다 병보석으로 풀려났다. 그러나 1937년 동우회 사건으로 다시 수감되었다가 병으로 보석되어 치료받던 중 지금의 서울 대학 부속 병원에서 1938년에 생을 마감했다.

1962년
건국 훈장 대한민국장이 수여되었다.